cada história, uma poesia

Editora Appris Ltda.
1.ª Edição - Copyright© 2024 da autora
Direitos de Edição Reservados à Editora Appris Ltda.

Nenhuma parte desta obra poderá ser utilizada indevidamente, sem estar de acordo com a Lei nº 9.610/98. Se incorreções forem encontradas, serão de exclusiva responsabilidade de seus organizadores. Foi realizado o Depósito Legal na Fundação Biblioteca Nacional, de acordo com as Leis nos 10.994, de 14/12/2004, e 12.192, de 14/01/2010.

Catalogação na Fonte
Elaborado por: Josefina A. S. Guedes
Bibliotecária CRB 9/870

F363c 2024	Fernandes, Talita Cada história, uma poesia / Talita Fernandes. – 1. ed. – Curitiba: Appris, 2023. 121 p. ; 14,8 x 21 cm. ISBN 978-65-250-6009-5 1. Poesia (Literatura brasileira). 2. História. 3.Amor. I. Fernandes, Talita. II. Título. CDD – B869.91

Appris
editora

Editora e Livraria Appris Ltda.
Av. Manoel Ribas, 2265 – Mercês
Curitiba/PR – CEP: 80810-002
Tel. (41) 3156 - 4731
www.editoraappris.com.br

Printed in Brazil
Impresso no Brasil

TALITA FERNANDES

cada história, uma poesia

Appris editora

FICHA TÉCNICA

EDITORIAL	Augusto Coelho
	Sara C. de Andrade Coelho
COMITÊ EDITORIAL	Ana El Achkar (UNIVERSO/RJ)
	Andréa Barbosa Gouveia (UFPR)
	Conrado Moreira Mendes (PUC-MG)
	Eliete Correia dos Santos (UEPB)
	Fabiano Santos (UERJ/IESP)
	Francinete Fernandes de Sousa (UEPB)
	Francisco Carlos Duarte (PUCPR)
	Francisco de Assis (Fiam-Faam, SP, Brasil)
	Jacques de Lima Ferreira (UP)
	Juliana Reichert Assunção Tonelli (UEL)
	Maria Aparecida Barbosa (USP)
	Maria Helena Zamora (PUC-Rio)
	Maria Margarida de Andrade (Umack)
	Marilda Aparecida Behrens (PUCPR)
	Marli Caetano
	Roque Ismael da Costa Güllich (UFFS)
	Toni Reis (UFPR)
	Valdomiro de Oliveira (UFPR)
	Valério Brusamolin (IFPR)
SUPERVISOR DA PRODUÇÃO	Renata Cristina Lopes Miccelli
ASSESSORIA EDITORIAL	William Rodrigues
REVISÃO	Marcela Vidal Machado
PRODUÇÃO EDITORIAL	Adrielli de Almeida
DIAGRAMAÇÃO	Maria Vitória Ribeiro Kosake
CAPA	Carlos Pereira
REVISÃO DE PROVA	Jibril Keddeh

Dedico este livro e cada poesia a quem sonha e ama!

AGRADECIMENTOS

Agradeço primeiramente a Deus por me dar a oportunidade de mostrar e espalhar minha arte. Agradeço à minha mãe Giovania por ser meu apoio, ao meu pai Geraldo (*in memoriam*) por ter sido meu exemplo, à minha avó Dalva e a todos que amo e contribuíram para este sonho, este livro. Obrigada!

Já pensou?
Em tudo que passou e até aqui chegou.

SUMÁRIO

1 – PROPÓSITO 21

2 – VIRE AS COSTAS 21

3 – VOCÊ LEVOU MEU CORAÇÃO 22

4 – CONFIANÇA 22

5 – LUGAR SECRETO 23

6 – SUA BOCA 23

7 – CAVALO 24

8 – RESPOSTA 24

9 – NOS SEPARAMOS 25

10 – CULPA 25

11 – PONTO-FINAL 26

12 – CONQUISTAS 26

13 – INSEGURANÇA 27

14 – ME DECLARAR 27

15 – AINDA BEM 28

16 – SOLTOU MINHA MÃO 28

17 – CORAGEM 29

18 – GELEI 29

19 – AQUELE BEIJO 30

20 – COM MEU VIOLÃO 30

21 – ME NAMORA 31

22 – PEDAÇO DE PAPEL 31

23 – RECIPROCIDADE 32

24 – PARE E REFLITA 32

25 – TE JULGAM 33

26 – VAI E VOLTA 33

27 – IMAGINA 34

28 – OLHANDO O MAR 34

29 – SEGUE SEU CAMINHO 35

30 – MATURIDADE 35

31 – CHAMAR DE AMOR 36

32 – CARTA PARA TI 36

33 – SEJA LEVE 37

34 – DISFARCE 37

35 – LANCE 38

36 – MOMENTOS 38

37 – COWBOY 39

38 – DANÇAR 39

39 – CONVERSA 40

40 – DESPEDIDA 40

41 – TÁ ESPERANDO O QUÊ? 41

42 – FRAQUEZA 41

43 – MELHOR TERMINAR 42

44 – BATOM MATTE, ... 42

45 – OLHAR PARA TRÁS 43

46 – MEU ANJO 43

47 – TROCO 44

48 – TANTO FAZ 44

49 – FRACASSO 45

50 – O OLHAR 45

51 – MEDO 46

52 – ACHAM 46

53 – DIZER 47

54 – LEMBRE-SE DISSO 47

55 – QUEM SABE 48

56 – CENA DE NOVELA 48

57 – SORRISOS 49

58 – CANSEI 49

59 – 5 MINUTOS 50

60 – TE PERDER 50

61 – NOITE ENLUARADA 51

62 – QUEM DERA 51

63 – CHEGOU A HORA 52

64 – SILÊNCIO 52

65 – QUANDO VOCÊ 53

66 – FÉ 53

67 – O AMOR CHEGOU 54

68 – POR QUÊ? _____54

69 – SEU NOME_____55

70 – INTENÇÃO_____55

71 – CRÍTICA_____56

72 – OLHAR PARA TRÁS _____56

73 – DEPENDÊNCIA_____57

74 – GUARDADO _____57

75 – TUDO _____58

76 – APROVEITAR _____58

77 – MADRUGADA_____59

78 – MEU ERRO_____59

79 – VIVER _____60

80 – EU ERA _____60

81 – E SE... _____61

82 – VAZIO _____61

83 – EU NÃO VOU_____62

84 – CONTINUAR _____62

85 – TROCA DE SENTIMENTOS _____63

86 – CALADO _____63

87 – APRENDER _____64

88 – DE VERDADE _____64

89 – OLHOS NEGROS _____65

90 – SUPERAÇÃO _____65

91 – COM A LUA... 66

92 – SOLITUDE 66

93 – INDECISÃO 67

94 – ME APRESENTOU 67

95 – EU SINTO MUITO 68

96 – ATÉ A LUA 68

97 – VEM COMIGO 69

98 – POR QUE EU TE AMO? 69

99 – MEU SEGREDO 70

100 – FOTOGRAFIA 70

101 – SER 71

102 – JÁ 71

103 – MEDO 72

104 – FATOS SOBRE VOCÊ 72

105 – PASSATEMPO 73

106 – ANÔNIMO 73

107 – BORBOLETAS NO ESTÔMAGO 74

108 – METAMORFOSE 74

109 – DESPEDIDA 75

110 – EM SUAS MÃOS 75

111 – ÚLTIMO DIA 76

112 – INTENSIDADE 76

113 – CORAGEM 77

114 – NÃO POSSO 77

115 – SEU ABRAÇO 78

116 – ARREPIO 78

117 – INSUFICIENTE 79

118 – SIMPLES 79

119 – DEIXE IR 80

120 – APROVEITE CADA INSTANTE 80

121 – SÓ LEMBRANÇAS 81

122 – CONEXÃO 81

123 – PROMESSA 82

124 – FINAL 82

125 – CARTA BRANCA 83

126 – CORAGEM DE SER IMPERFEITO 83

127 – VOE 84

128 – INTENSIDADE DE AMAR 84

129 – AMOR NÃO CORRESPONDIDO 85

130 – ME DIZ 85

131 – DEMONSTRE! 86

132 – AUTOSSUFICIÊNCIA 86

133 – VALORIZE-SE 87

134 – FASES 87

135 – UM SIMPLES "OI" 88

136 – EU SEMPRE VOU LEMBRAR 88

137 – SUA CONFIANÇA _____ 89

138 – MINHA LUA _____ 89

139 – FOI EMBORA _____ 90

140 – CALAFRIO _____ 90

142 – RECAÍDA _____ 91

143 – PRIORIDADE_____ 91

144 – CANSAÇO _____ 92

145 – ESPERE POR MIM_____ 92

146 – FIQUE!_____ 93

147 – BOM PRA MIM_____ 93

148 – PERCEBE _____ 94

149 – EVOLUÇÃO _____ 94

150 – DÓ_____ 95

151 – CHANCE _____ 95

152 – PLANOS _____ 96

153 – MUITO ALÉM _____ 96

154 – AMAR PODE DOER _____ 97

155 – QUANDO SE GOSTA DE ALGUÉM _____ 97

156 – AMOR BOBO_____ 98

157 – OCULTO _____ 99

158 – RESPEITO_____ 99

159 – INSTANTES _____ 100

160 – FIQUE À VONTADE _____ 100

161 – TE AMO 101

162 – UM DIA 101

163 – NÃO TENHO 102

164 – BLOQUEIO 102

165 – EU 103

166 – ... .103

167 – INEXPLICÁVEL 104

168 – DESENCANTO 104

169 – 00:01 105

170 – MEIO-TERMO 105

171 – JÁ PENSOU? 106

172 – QUERO VOCÊ 106

173 – DECIDA 107

174 – UMA ROSA TÃO BONITA 107

175 – CAFÉ 108

176 – ❤ 108

177 – MEU BEM 109

178 – COSTUME ERRADO 110

179 – AMOR DE VERÃO 110

180 – DESACREDITADO 111

181 – TE AMAR 111

182 – RISCO 112

183 – CAMINHOS SE CRUZARAM 112

184 – PROVA DE AMOR _____113

185 – TE AGRADAR _____113

186 – MARCA _____114

187 – ARRISCAR _____114

188 – ESCOLHAS_____115

189 – VAI QUE..._____115

190 – PEDIDO_____116

191 – NÃO ESTÁ SENDO FÁCIL _____116

192 – MINHA VEZ_____117

193 – TÃO LONGE_____117

194 – TUDO MUDOU _____118

195 – DETERMINAÇÃO _____118

196 – O QUE ME RESTA É CHORAR _____119

197 – DEIXA EU FALAR _____119

198 – SAIBA SEU DEVIDO VALOR _____120

199 – PALAVRAS _____120

200 – TEU CORAÇÃO_____121

1 – PROPÓSITO

Para manter-se firme na caminhada, tem que ter um propósito e
não enfraquecer,
Faça com vontade para merecer.
Na vida tudo tem uma explicação,
Um propósito para melhorar seu coração.

Tenha um propósito para realizar suas metas,
E que sejam metas corretas.
Vai haver dificuldades,
Mas vá em busca das verdades.

Tenha-o para conquistar um sonho,
É isso que lhe proponho!
Mesmo que tenha visto pessoas ao seu redor criticando,
Mantenha a persistência e continue sonhando.

Falam que é perda de tempo e que não vou conseguir,
Viro as costas e continuo a prosseguir.
Tenho que ter um propósito para alcançar,
Farei de tudo para conquistar.

2 – VIRE AS COSTAS

Vire as costas para o que não lhe faz bem,
Foque no bem e no seu sorriso cativante também.
Veja só, depois que fez isso tudo melhorou,
E o bem atuou.

Tudo é questão de chamado,
Vire-se e se sinta amado.
Vou ter que relembrar,
Virei as costas e estou onde deveria estar.

Estou no meu melhor momento, sabe?
Mas lembro que tinha uma tristeza que em mim hoje não cabe.
Vou chorar,
É bom para aliviar.
Virei as costas e penso como estou,
Depois que fiz isso algo já melhorou.
Bora agora seguir,
Pois após tudo que passei preciso sair.

3 – VOCÊ LEVOU MEU CORAÇÃO

Como pode levar meu coração assim?
Nem pediu permissão para mim.
Agora cuide dele, por favor,
Não quero que ele sinta dor.

Se não for capaz de cuidar,
Não posso realmente lhe entregar.
Estou sozinho,
Sinto falta do seu carinho.

Mas vou lhe deixar,
Mesmo que esse coração queira ficar.
Muitos dizem não podemos fazer só sua vontade,
E isso é uma verdadeira verdade.

Já que levou meu coração,
Tome cuidado com a direção.
Temos que pegar o caminho certo,
Para depois de amor estarmos cobertos.

4 – CONFIANÇA

Mantenha sua confiança,
Ainda há esperança.
Ela é a base para um sonho conquistar,
Só basta acreditar.

Não a entregue para qualquer pessoa,
Não a perca à toa.
Confiança é algo que para algumas pessoas é difícil de conquistar,
Não é fácil para se entregar.

Mas a dê para quem realmente merece,
E quem a perdeu não esquece.
Sinta confiança para se expressar,
Só assim para aguentar.

Tenha confiança para sorrir,
Assim os sonhos ficam mais perto para vir.
Sorria para deixar a confiança e afastar a tristeza,
Mais fácil para jogar fora a incerteza.

5 – LUGAR SECRETO

Nosso lugar secreto,
Ainda bem que ele não foi descoberto.
Foi nesse lugar que me ajudou,
Sem me conhecer me abraçou.

Tive medo,
Mas guardou meu segredo.
Tirou um tempo para tentar me entender naquele lugar,
Tentava fazer isso observando o luar.

Percebi que teve paciência,
Mesmo eu tendo aquela resistência.
Saiba que eu posso não demonstrar,
Mas sempre irei te amar.

Naquele lugar secreto soltamos gargalhadas
Que duravam até o fim das madrugadas.
Foi nesse lugar que aprendi o verdadeiro significado de amar,
E até o final com esse amor quero estar.

6 – SUA BOCA

Pare para pensar,
Queria contigo estar para sua boca admirar.
Perfeição,
Chega a acelerar o coração.

Quero-a só para mim,
Que não é nada ruim.
Quando paro para admirar,
até me falta ar.

Obrigado por deixar prevalecer esse sorriso,
Amo-te ainda mais por isso.
Vou lhe falar, pois não é mais segredo,
Olho fixamente sua boca desde cedo.

Mas como vou contar?
Como vou contar que esta boca queria beijar?
Espero que saiba que te quero,
Quero começar algo do zero.

7 – CAVALO

Quando monto em meu cavalo, sinto-me aliviado,
E lembro-me daquela cavalgada ali do lado.
Ele não é fraco, não,
Aguenta um rojão.

Bom demais para montar,
E seu desempenho sempre vou olhar.
Cavalo, minha paixão,
Virei até peão.

Vou perguntar,
Tem como meu cavalo não amar?
Não tem, não,
Ele tem um local em meu coração.

Comprei uma cela linda,
Ele praticamente disse "Seja bem-vinda".
Vou com ele o dia cavalgar,
Para me desestressar.

8 – RESPOSTA

Recebi uma resposta,
Tomara que não seja oposta.
 Espero que seja verdadeira,
Será que é brincadeira?

Preciso me sentir confiante,
Mas a resposta foi delirante.
Um sim ou um não,
Que me causam muita confusão.

Tem vezes que nem quero escutar,
Para um sentimento de confusão não causar.
Mas é preciso ouvir,
Será ou não algo que vai me fazer desistir?

Deus provavelmente vai fazer a resposta certa chegar,
Só basta esperar.
Independentemente da resposta,
Vai haver mais portas.

9 – NOS SEPARAMOS

Infelizmente foi o que aconteceu,
Separamo-nos e cada um seu caminho escolheu.
Foi inevitável,
Acho que a relação não estava mais saudável.

Foi preciso isso acontecer,
Tínhamos algo melhor a merecer.
Tentamos, tentamos,
Mas mesmo assim nos separamos.
Acho que vou lembrar de tudo,
Mas não vou falar para o mundo.
Escondemos muitas coisas de nós,
Por que não escutamos aquela experiente voz?

Mas agora é cada um seu rumo seguir,
Quem sabe o bem não possa agir.
Vou sempre me lembrar
Daqueles momentos bons que me fez passar.

10 – CULPA

Ninguém teve culpa de isso ter acontecido,
Somente aquele envolvido.
Não jogue a culpa para cima daqueles que te querem bem,
Não percebe que aquele te fez de refém?

A ficha demora a cair,
Mas, quando cair, saiba como agir.
Fique preparado,
Pois a culpa irá cair no culpado.

Se sente que isso está te incomodando,
É melhor você ir falando.
Antes que piore,
Fale, assim talvez o sentimento melhore.

Já que falou,
Sentiu que algo melhorou?
Ainda bem,
Pois isso fez você perceber tudo de bom que tem.

11 – PONTO-FINAL

Tive que colocar um ponto-final,
De fato parecia que era para o meu mal.
Mas felizmente acabou,
Agora, sim, livre estou.

Um desse é bom para terminar o que é ruim,
Não mereço ficar triste assim.
Pedi para que ficasse ao meu lado,
Mas pouco amor foi me dado.

Hoje percebo que foi para o meu bem que isso aconteceu,
Não posso confiar em qualquer pessoa que me apareceu.
Vou olhar para tudo que até agora conquistei,
Coloquei o ponto-final e não me ferrei.

Depois disso vou seguir,
Foi a melhor forma para eu agir.
Graças a Deus o ponto-final resolveu,
E a tudo de bom se rendeu.

12 – CONQUISTAS

Tenho que agradecer,
Pois coloquei as conquistas como meta para vencer.
Já conquistei meu sonho,
Conquiste o seu, proponho.

Parecia que ela estava distante,
E quando continuava a tentar era mais brilhante.
Um brilho reluzente,
Que depois só os verdadeiros compreendem.

Terá coisas que irá se perguntar,
Por que por isso tenho que passar?
Porque sua conquista será maior,
E com certeza a recompensa será melhor.

Agradeço porque tive uma e por mais que vou conquistar,
Vou sorrir se do meu lado estiverem as pessoas que jamais
deixarei de amar.
Lembro-me daquela específica que já conquistei,
E do tanto que já me orgulhei.

CADA HISTÓRIA, UMA POESIA

13 – INSEGURANÇA

Desde que me entendo por gente,
Tenho esta insegurança permanente.
Insegurança de me apaixonar e dar errado,
Mas quero alguém ao meu lado.

Seria mais fácil se eu não a tivesse,
Mas ela aqui permanece.
Vou tentar afastá-la,
Eu quero matá-la.

Ela em mim está, pois passei por aquilo que não gosto de lembrar,
Como faço para ela de mim tirar?
Medo de me apaixonar e me entregar,
Se eu não tivesse a insegurança será que certo iria dar?

Fico imaginando,
Se esta insegurança eu conseguiria ir afastando.
Vou conseguir,
Pois irei persistir!

14 – ME DECLARAR

Vou tomar coragem,
Mas, infelizmente, os medos e as inseguranças batem.
Medo de o sentimento não ser igual,
e o meu se tornar banal.

Como posso fazer isso sem parecer emocionado?
Alguém me explique bem explicado.
Uns falam para eu lhe contar,
Mas sei que errado pode dar.

Já levei um fora, não tenho boas memórias,
Depois posso contar essas histórias.
Como saber se terá reciprocidade?
A pessoa demonstrará de verdade?

Vamos supor que me declarei,
Será que feliz eu estarei?
O medo de me declarar continua aqui no coração,
Mas imagino se fizesse isso e fosse recíproco até então.

15 – AINDA BEM

Ainda bem que deu tempo de parar,
Percebi que não seria recíproco eu te amar.
Continuo te desejando tudo de bom,
És uma pessoa de bom-tom.

Vamos ser felizes,
Sem deslizes.
Merecemos,
E conseguiremos,

Aquela música me faz te lembrar,
Por isso eu não vou cantar.
Desejo sua felicidade,
Ainda bem que não soube o sentimento que eu tinha de verdade.

Foi um sentimento que passou,
E agora livre estou.
Ainda bem que não me iludi nem me apaixonei,
E sorrindo estarei.

16 – SOLTOU MINHA MÃO

Foi o que você fez,
Não pensou mais de uma vez.
Soltou minha mão,
E para o nosso amor disse não.

Pergunto-lhe o porquê,
Acho que não foi capaz de entender.
Eu estive ao seu lado quando precisou,
Mas soltou minha mão e nem disso se lembrou.

Não guardo rancor,
Mas espero que saiba valorizar o amor.
A pessoa que der vai se entregar,
Encontre sua melhor forma de amar.

Acho que não irei esquecer,
Só que neste momento não quero reviver.
É algo compreensível,
E esquecer, com o tempo, não é impossível.

17 – CORAGEM

Quero ver quando me bater coragem,
Para lhe dizer como esses sentimentos dentro de mim agem.
Tenho que deixar ela prevalecer,
Logo depois que falar, não irei crer.

Tenho segurado há muito tempo com medo de dizer,
O que pode acontecer?
Mas uma hora vai,
Uma hora a ficha cai.

Tem dia que acordo determinado,
Mas tem aquele sentimento que diz que vai dar errado.
Por isso a enrolação,
A enrolação de contar o amor por você que há no meu coração.

É preferível não levar um fora,
Quero um pouco de coragem, onde ela mora?
Uma hora ela vai chegar,
Só não pode enrolar!

18 – GELEI

Assustei-me,
Com este pedido eu gelei.
Foi surpreendente,
Mas parece que se sente.

Senti que algo bom estava por vir,
Fiquei tão feliz que não sabia como agir.
Esperando uma resposta, você ficou ansioso,
Disse um "Sim", pois foi meu primeiro e único pedido amoroso.

Mesmo depois do pedido ainda me passava pela cabeça,
"Isto é algo que eu mereça?".
Foi tudo perfeito,
Ficou do nosso jeito.

Isso sempre será lembrado,
E na nossa vida estará marcado.
Agradeço-lhe por comigo estar,
Depois do pedido e do "Gelei" ainda mais irei te amar.

19 – AQUELE BEIJO

Antes do nosso primeiro beijo já ficava imaginando,
Imagina aquela boca um beijo estar me dando.
E finalmente aconteceu,
Depois até uma saída mereceu.

Já lhe falei, nosso beijo foi o melhor,
Ninguém pode compará-lo com o pior.
Foi através dele que nos conectamos,
E até hoje juntos estamos.

Houve uma grande intensidade,
E junto veio a lealdade.
Nunca vou me esquecer
Do dia que aquele beijo eu quis receber.

Foi recíproco,
Não houve um equívoco.
Aquele beijo me fez um sorriso bobo soltar,
Ainda bem que abraçado contigo posso estar.

20 – COM MEU VIOLÃO

Com meu violão componho uma música especial,
De estilo sertanejo, falando o essencial.
O essencial que é o quanto eu te amo e quero você aqui
do meu lado,
Não preciso falar muito, pois está declarado.

O que é preciso para uma música lhe compor?
Colocando sentimento com as notas, junto com o amor?
Meu violão,
Que eu tenho uma grande paixão.

Com meu violão canto para quem gosta de escutar,
E ainda mais esse talento quero aprofundar.
Gosto dele afinado,
O som sai mais irado.

Amo sua melodia,
Era só escutar uma que já sorria.
Com meu violão,
Vou cantar o amor que sinto por ele então.

21 – ME NAMORA

Ia lhe falar,
Pra contigo eu namorar.
Me namora,
Será que rola?

Sou delicado,
E meu carinho tenho lhe dado.
Me namora,
Mas, sem pressa, terá a hora.

Meu amor eu lhe dei,
E não errei.
Amo-te, amo teu jeitão,
Amo-te tanto que nem tenho proporção.

Me namora,
Assim, minha vida melhora.
Não vou deixar de te amar,
E você também não, prometes continuar?

22 – PEDAÇO DE PAPEL

Num pedaço de papel amassado você me escreveu,
Dizendo exatamente o que percebeu.
 Percebeu que eu estava quieta, chateada,
Comigo você veio falar, e não deu em nada.

Mais tarde, escreveu em outro pedaço de papel
Que eu era uma menina que merecia o céu.
Depois de tanto esforço, você conseguiu minha atenção,
Fez bater forte meu coração.

Até eu me assusto por um pedaço de papel ter começado
o sentimento,
Que continuará vivo e lembrará aquele momento.
Um momento estranho, mas precioso,
Um momento que o deixou orgulhoso.

Foi naquele pedaço de papel que a vergonha você venceu,
E ao meu lado até agora permaneceu.
Vou fazer deste pedaço de papel minha recordação,
Pois foi tão linda aquela sua ação.

23 – RECIPROCIDADE

Vou falar sobre a reciprocidade,
Quando a tiver, sentirá a intensidade.
Não precisa ser cobrada,
Ela sem preço tem que lhe ser dada.

Encontrá-la é complicado,
Você pode achar que é reciproco, mas é errado.
Ela é leve,
E se sentir bem com ela você deve.

Se sentir que não há reciprocidade, se afaste
Antes que esse sentimento de tristeza te mate.
Ela lhe faz bem,
A reciprocidade em qualquer relacionamento que se mantém.

Ela está na amizade, na convivência e no amor,
Necessitamos dela para não sentirmos dor.
É bom ter,
Para o devido valor ela receber.

24 – PARE E REFLITA

Eu parei,
Parei e pensei.
Realmente é o que eu quero?
É o bom que eu espero?

Não faça tudo no impulso,
Se fizer pode deixá-lo muito confuso.
Refleti sobre aquilo lá,
Foi por isso que vim para o lado de cá.

Parei e refleti,
Fiz isso e recebi o que eu mereci.
Tudo que aconteceu tem uma explicação,
Reflita antes de fazer qualquer ação.

Muito bom,
Refletir agora é um dom.
Tudo é questão de visão,
Parar e refletir pode ser uma emoção.

25 – TE JULGAM

Terá pessoas que irão te julgar,
E algumas terá que ignorar.
Podem te julgar como quiser,
Sou quem devo ser.

Não fiz nada de errado,
E ainda sou julgado.
A vida pode ser dura,
Mas com suas lutas irá se tornar uma pessoa madura.

Te julgam, te olham torto,
Vai acontecer, pois não está morto.
Tem que saber lidar,
E com o psicológico bom estar.

Podem tê-lo julgado,
Mas agora está armado.
Armado com o bem, e com o resultado do que tem feito.
Continue com seu simples jeito.

26 – VAI E VOLTA

Se foi, tem que voltar,
Então, o melhor é acertar.
Tudo que vai volta,
faça o certo para não virar revolta.

O melhor é analisar
Se o que irá voltar será o bem que irá atuar.
Vai e volta,
Será novamente a mesma proposta?

Acha que terá motivos para chorar ou para sorrir,
já que irá voltar, procure a melhor forma para agir.
Voltou,
Mas me pergunto se bem estou.

Mas tudo que vai, volta,
E talvez lhe abra uma porta.
Agradeço,
E recebi o que mereço.

27 – IMAGINA

Imagina ser feliz,
Mesmo com aquela cicatriz.
Amar, sem se machucar,
Sonhando que aquilo certo pode dar.

Imagina ter dias de tristeza,
E no final perceber que foi uma riqueza.
Tudo tem um motivo,
É por isso que estou vivo.

Imagina poder sentir o cheiro de quem você ama,
E o cheirinho de saudade ainda estar na sua cama.
Bom ou ruim imaginar?
Será ruim se errado dar.

Imagina viajar para o lugar do sonho,
Realizando-o bem risonho.
Mas, como nem tudo são flores,
Pode passar por alguns tremores.

28 – OLHANDO O MAR

Fico olhando o mar,
Que nem vejo as horas passar.
Tem dia que está bravo, agitado,
Que merece ser admirado.

Olhando o mar me lembro de tanta coisa boa que vivi
e imagino viver,
Mas muitos acontecimentos ainda vão ocorrer.
Passa-me uma felicidade sentir a brisa desse lugar,
Lugar onde um dia ainda vou morar.

Foi olhando o mar que tive uma aprendizagem,
Não confie em tudo, pois pode ser miragem.
A onda pode parecer fraca,
Mas, com sua intensidade, pode deixar uma grande marca.

E olhando o mar, o céu de lá,
Parece-me mais bonito que o de cá.
Foi com o mar
Que aprendi o jeito mais profundo de amar.

29 – SEGUE SEU CAMINHO

Aconselho-o a seguir seu caminho,
Sei que não vai estar sozinho.
Foi preciso,
Foi preciso para percebermos isso.

Cada um em caminhos diferentes,
Pois os erros foram as mentes.
Um pensa uma coisa e outro não concorda,
Se continuássemos, teríamos nos enforcando mais ainda nesta corda.

Foi bem melhor esta decisão,
Infelizmente, foi erro do coração.
Não foi decepção, foi aprendizado,
Para vermos o que precisaria ser melhorado.

Você vai encontrar alguém,
E esse alguém lhe fará o bem.
Pode seguir seu caminho com persistência,
Achará uma pessoa que dê o devido valor à sua essência.

30 – MATURIDADE

Muitos não são capazes de ter,
Que é o pior erro a se cometer.
Precisa-se dela em quase tudo,
Acho que está tendo pouco dela no mundo.

Em várias áreas ela tem que estar,
E é surpreendente que ela em um fim de relacionamento
em amizade pode-se transformar.
É bom não a perder,
Com ela você é capaz de crescer.

Umas pessoas que pouca maturidade têm,
Muitas vezes não se dão bem.
Mantenha-a ao seu lado,
Muitos acontecimentos ela pode deixar marcados.

Maturidade é a base para aquele problema
que não pode ser resolvido com qualquer esquema.
Pense
Que foi com a maturidade que venceu, lembre-se.

31 – CHAMAR DE AMOR

Não demorei,
Meus amigos dizem que me emocionei.
Chamei-te de amor por que confiei,
E depois disso ainda mais te amei.

Falam que foi melosidade,
Mas só eu sei o sentimento de verdade.
E que sentimento perfeito,
Deu match no nosso jeito.

Chamei-te de amor,
Tirei de mim o rancor.
Vou chamá-lo muito assim,
Para mantê-lo perto de mim.

Assustou-se quando te chamei de amor,
Mas disse logo em seguida que não pensou mais no horror.
Amor, saiba que eu te amo demais,
Meu amor por você só aumenta mais.

32 – CARTA PARA TI

Tenho que arranjar um jeito,
Mas com minha vergonha tenho um jeito perfeito.
Vou contar por uma carta o que sinto,
Vou falar tudo que sinto e não minto.

Esta carta para ti é especial,
Espero que depois de enviada não me sinta mal.
Mal, porque tive receio,
E este é o melhor meio.

Nesta carta falo sobre meu sentimento,
Que é leve como o vento.
Tento expressar,
Falei como comecei a de ti gostar.

Espero que compreendas,
Acho que é algo que entendas.
Não sei o que fazer,
Mas, dependendo da resposta, mais uma carta posso te escrever.

33 – SEJA LEVE

Seja leve,
Afinal nada você deve.
Valeu a pena tudo que passou,
Acho que sempre amou.

Amou, pois sabia que a recompensa ia vir,
Depois da batalha merecia sorrir.
Antes e durante não deixou as coisas ruins pesarem,
E deixou as do bem atuarem.

Orgulhe-se de ser assim,
Tornou-se mais leve, pois aprendeu que nem tudo é com um sim.
Muitos queriam,
Mas não conseguiriam.

Ser leve é bom para ti,
Pense que é uma meta boa para si.
A leveza é tão boa,
Faz você sorrir à toa.

34 – DISFARCE

Tenho mantido,
Mantido o disfarce, escondendo tanto que nem sei aonde tenho ido.
Ele me ajuda,
Mas, enfim, nada muda.

Daqui a pouco ele pode cair,
Medo de você rir.
Tenho mantido esse disfarce suficiente,
Não me orgulho de quem mente.

Então vou lhe falar
Que do seu lado é meu lugar.
Disseram-me que também é reciproco e verdadeiro,
Amo seu jeito maneiro.

O disfarce foi descoberto,
E no momento certo.
No momento que eu ia lhe falar,
Chegou minutos antes me contando como começou a me amar.

35 – LANCE

Tivemos um lance,
Parece que foi uma chance.
Um lance esquisito,
No começo foi meio atrevido.

Lance de adolescente,
Para alguns foi imprudente.
Meu lance preferido,
Amo quando sussurra em meu ouvido.

No início não sabíamos no que isso iria dar,
Agora estamos com as solas dos pés na areia, olhando o mar.
Foi na brincadeira,
Que virou nossa maneira.

Um lance que superou,
Pois até agora do seu lado estou.
Meu lance não foi largo,
E foi ele que me tirou o lado amargo.

36 – MOMENTOS

Tenho meus momentos,
Que se eu deixar podem ser levados com o vento.
Uns valem relembrar,
Momentos que jamais deixarei de amar.

Temos que passar por eles,
Que podem durar meses.
Só o tempo vai saber,
Há um momento certo de acontecer.

Relembre aquele que te fez gargalhar,
Lembrar deles faz na tristeza não mergulhar.
Aquele que fez me emocionar e tudo de bom ver,
Só relembrando para crer.

Foram incríveis,
E são inesquecíveis.
Impossível superar aquele momento,
Consegui realizá-lo, pois sempre tento.

37 – COWBOY

A vida do cowboy é agitada,
Mas, ainda assim, é amada.
Ele quer ir nos rodeios para se distrair,
E o galope ele ama ouvir.

Um cowboy eu virei,
E perto do meu cavalo fiquei.
Meu cavalo é forte,
E tem um grande porte.

Quando virei cowboy foi minha felicidade,
Agora o amor com tudo relacionado a isso em mim arde.
Eu agora quero aproveitar,
Aproveitar cada rodeio e cavalgada que posso estar.

Um cowboy eu virei,
Só por ter feito isso já amei.
Vida de cowboy ao lado do meu cavalo,
Ele chegou a causar um abalo.

38 – DANÇAR

Preciso me distrair,
Porque ainda quero sorrir.
E vou dançar,
Para aquilo superar.

Dançar
Parece que vai me ajudar.
Foi o melhor que pude fazer,
Para feliz eu permanecer.

Felizmente superei,
E dançando estarei.
Descontei a raiva no dançar,
Para daquilo não lembrar.

Seja luz,
Por isso agora a dança me conduz.
Dancei, me expressei,
E olha onde eu parei.

39 – CONVERSA

A partir das primeiras conversas,
Soltamos sorrisos à beça.
Não era tudo fofo e sabemos,
E independentemente das brigas juntos estaremos.

Estaremos, pois sabemos resolver as coisas no diálogo,
Tudo de ruim irá passar logo.
Conversas bobas que fizeram acontecer,
Aconteceu e fizemos prevalecer.

Temos nossas "brigas" para vermos nossas opiniões,
Independentemente do resultado mantemos firmes nossas ações.
As conversas durante as madrugadas
Que me faziam dar gargalhadas.

Foi a partir daquela conversa que tomamos a decisão,
A decisão de sermos felizes juntos com a melhor proporção.
Minha conversa preferida,
Que sempre quero manter na vida.

40 – DESPEDIDA

Despeça-se
E esqueça-se
Daquilo que não lhe faz bem,
Olhe para você também.

Merece coisa melhor e a despedida é a melhor maneira,
Ela pode evitar que faça besteira.
Na vida pode haver várias despedidas,
Que podem ser merecidas.

Às vezes temos que nos despedir de algo de que precisamos,
Só que no nosso ver é algo de que necessitamos.
Realmente se não precisar, se despeça,
Uma hora talvez esqueça.

Ela também pode ser triste,
Mas você terá algum convite.
Que pode te ajudar,
Te ajudar a despedida superar.

41 – TÁ ESPERANDO O QUÊ?

Tá esperando o que para vir?
Esperei por tanto tempo para te ver sorrir.
Tá esperando o que para me abraçar?
Se sabe que depois do abraço sua mão não vou soltar.

Tá esperando o que para me dizer?
Acha que não posso merecer?
Tá esperando o que se é você que eu quero?
Faz tempo que te espero.

Nem tudo é florido,
E sabemos que aquilo foi doído.
Mas tá esperando o que para esquecer?
Se juntos, com persistência, podemos vencer?

Tá esperando um acontecimento
Que pode ser lento...
Tenha paciência para esperar,
Pois saiba que vou continuar a te amar.

42 – FRAQUEZA

Ainda há aquela fraqueza em mim,
Porém, não posso ficar assim.
Todos têm,
Precisamos vencer e ficar sem.

Vou vencer,
Tenho que crer.
Vou superar,
Para lá eu estar.

Essa fraqueza é fichinha,
E não é só minha.
Tenho ajuda de quem me quer bem,
Se precisar de força, eles têm.

Foi em tempo de fraqueza que vi que persistir é importante,
A recompensa não estará distante.
Retome tudo e mantenha-se de pé,
Você ainda tem muita fé.

43 – MELHOR TERMINAR

Vou logo lhe falar,
É melhor terminar.
É triste,
Porém isso existe.

Cada um ir para um lado,
Para estarmos em um bom estado.
Foi feita a difícil decisão,
No início vai doer o coração.

Quem sabe mais tarde não podemos nos rever,
Daqui para lá algo vai acontecer.
Melhor terminar,
Para cada um feliz ficar.

Se for para aquilo de ruim sempre lembrar,
Melhor se afastar.
Espero que sejamos felizes sem rancor de nada,
E estejamos com a alma lavada.

44 – BATOM MATTE,

Minha menina deixou este batom matte aqui, parece que esqueceu,
Perguntou-me: "Por que não devolveu?"
Queria algo para de você lembrar,
Este batom foi o que ajudou a te amar.

Algo que não sai fácil, difícil de tirar,
Minha blusa ele quis marcar.
Lembro de você por conta disso,
Como ignorar isso?

Este batom é o culpado,
O culpado por nosso amor ele ter marcado.
Batom matte vermelho intenso,
Se olhar para ele em você já penso.

Bom, agradeço,
Por culpa dele com você permaneço.
Ele impregnou,
Impregnou tanto que me enfeitiçou.

45 – OLHAR PARA TRÁS

Se for olhar,
Parar, pensar, olha onde posso estar.
Tudo que aconteceu tem motivo,
E é por cada motivo que estou vivo.

Olhar para trás pode ser bom ou ruim,
Você que escolhe se vai ser assim.
Está nas suas mãos,
Pense e siga seu coração.

Lá atrás já passou,
E olha só, aqui estou.
É bom olhar e ver como foi meu caminhar,
Que seguindo o caminho posso estar a melhorar.

46 – MEU ANJO

Todos têm um anjo ao lado,
E você está guardado.
Só tenho a agradecer e faço isso toda madrugada,
Essa hora já é marcada.

Um anjo protetor,
Que dá todo amor.
Deus é perfeito,
Pois com meu anjo me deito.

Terá sempre um ao seu redor,
Não deixe sua fé se tornar menor.
Tenha foco, força e fé,
Isso te manterá de pé.

Meu anjo, minha luz,
Só você e Deus sabem para onde me conduz.
Agradeço por tudo,
Só meu anjo e Deus conhecem meu coração lá no fundo!

47 – TROCO

Ah, a vida é uma parada justa,
Só que para alguns será injusta.
Saiba que o que fizer terá o troco.

Vai ter o troco da sua maldade,
Como o troco da sua bondade.
Então faça da segunda a sua verdade,
E terá sua liberdade.

Esse troco é ruim?
Foi porque você quis assim!
Se quiser a bondade, faça por onde,
Afinal, nada se esconde.

Recebeu?
O que foi que aconteceu?
Se surpreendeu?
Só foi o que mereceu!

48 – TANTO FAZ

É que tanto faz, não me importo mais.
Só me diga para onde vais.
Meio complicado,
Mas tudo está guardado.

Não é fácil, não,
Esse seu coração é mais duro que o chão.
Mas, como você mesmo me disse, tanto faz,
Nada mais te satisfaz.

Vou para longe de você,
Não irá nem perceber.
Tanto faz agora,
Já passou da hora.

Cada um para o seu lado,
Vários passos foram dados.
Tanto faz se é ou não,
Vá ser feliz então.

49 – FRACASSO

Foi um fracasso?
Não, não é por isso que passo.
Não me decepciono tanto,
Não me causa mais espanto.

Uma hora vai passar,
Depois do fracasso bem vou estar.
Nem tudo é lindo,
Mas tudo lindo é bem-vindo!

Ficará triste com o fracasso,
Só que lá na frente não se sentirá no raso.
Pode parecer,
Mas só no final irá saber.

Não conte vitória ou fracasso antes do tempo determinado,
Pode dar ainda mais errado.
Saiba que se foi fracasso não era para você,
Não é tão difícil de perceber.

50 – O OLHAR

O olhar,
Que me fez pensar.
O que será que pensou?
Para perto ele me puxou.

Foi forte,
Fez-me ir ao Norte.
O olhar profundo
É de outro mundo.

Foi cativante,
Estonteante!
O olhar que jamais vou esquecer,
Pois ele cooperou para feliz eu ser.

Tenho esse olhar ainda comigo juntinho,
Vamos celebrar com uma fresca taça de vinho.
Ainda assim eu amo muito esse olhar,
Paro todo dia para admirar.

51 – MEDO

Tenho medo,
Mesmo que seja cedo.
Medo que não seja fácil de entender,
Eu não consigo compreender.

Medo de me apaixonar,
Sei que em nada pode dar.
Medo de me entregar,
E em um tom ruim soar.

Os medos me consomem,
E quando eles somem?
Tem que ser o mais rápido possível,
Será previsível!

Não vou deixar o medo me abater,
Tenho que deixar o bem vencer.
Mas o medo nem sempre é ruim,
Às vezes pode ser bom para mim.

52 – ACHAM

Acham que podem interferir,
Mas só eu sei o caminho que devo seguir.
Acham que podem fazer o que bem entender,
E sei quem eu devo ser.

Acham que sabem da minha vida,
Mas para dar certo mantenho muitas coisas "escondidas".
Acham que sabem dos acontecimentos,
Porém deixo quieto os envolvimentos.

Podem achar,
Só não podem o falso espalhar.
Achar, acham muita coisa, mas só acham,
Não falo muito, pois vai que guardam.

Se você acha... Não tenho certeza,
Ponha as cartas na mesa.
Acham,
E por achar, a verdade matam.

53 – DIZER

O fato de querer lhe dizer,
Pode fazer o que acontecer?
Tudo!
E tocar no sentimento profundo.

Posso me machucar,
Para depois eu superar.
Quero lhe dizer,
Vou ver o melhor jeito para fazer.

Não tenho uma forma correta para lhe contar,
Não sei o que vai achar.
Mas minha admiração já tem,
Sei que é uma pessoa do bem.

Vou arrumar esta forma de dizer,
Nem que seja por uma poesia para você perceber.
Além de tudo já sabe que estou contigo,
E também sei que está comigo!

54 – LEMBRE-SE DISSO

Lembre-se disso, pois não tem como esquecer,
Acho que fez nossos corações aquecer.
Lembre-se disso, que foi ótimo para nós dois melhorarmos,
E junto estarmos.

Lembre-se disso, disso que não foi bom para nós,
Às vezes, só precisava ouvir sua voz.
Lembre-se disso, o nosso amor está vencendo,
E todo o passado não ficamos remoendo.

Lembre-se disso, somos fortes,
Passaremos vários nortes.
Lembre-se disso, que é muito importante,
Eu te amo a cada instante.

Lembre-se de tudo que foi dito,
E saiba que eu não minto.
Lembre-se que é meu amor, minha paixão,
O amor nem cabe mais só em meu coração.

55 – QUEM SABE

Quem sabe? Quem sabe posso realmente ser feliz,
Pois sei de tudo que já fiz.
Quem sabe daquele acontecimento,
Que foi o que eternizou o momento.

Mas poucos sabem o que verdadeiramente eu sinto,
E para essas pessoas não minto.
Quem sabe quando será o último suspiro intenso,
Às vezes paro e penso.

Tudo é questão de visão,
Então analise, depois siga seu coração.
Quem sabe se pode dar certo,
Mantenha a positividade mais perto.

Mas também acorde para a vida,
Nem todos vão estar para você de mão erguida.
Quem sabe possa melhorar,
Para o negativo parar de pensar.

56 – CENA DE NOVELA

Vi aquilo acontecer,
Acho que para o bem deve ser.
Foi linda a cena,
Quem caprichou não teve pena.

Um pedido que vai muito para contar,
Flores, música e o principal, que é amar.
Foi nessa cena que o sim ele recebeu,
E com o sorrir em seu rosto permaneceu.
Todos que observavam,
Falaram que lindos eles ficaram.
Foi uma cena de novela,
E foi uma surpresa para ela.

É de admirar,
Felizes juntos vão estar.
Não irão esquecer,
Nem tem como, pois foi o melhor em suas vidas acontecer.

57 – SORRISOS

Sorrisos podem demonstrar muito o que sentimos,
Às vezes podemos soltar um só pelo que ouvimos.
Tem os que são cativantes,
E também podem ser estonteantes.

Sorrisos bobos,
Não devemos sorrir assim para todos.
Tem uns que é de se admirar,
O coração pode acelerar.

Quando vejo esses sorrisos sair,
Nem sei para onde devo ir.
É que é uma sensação boa de ver os outros sorrirem,
E pode ser a melhor forma de agirem.

Sorrir pode deixar as situações mais leves, sabe?
Pode fazer com que o sentimento de tristeza acabe.
Mas não tente pular etapas,
Para tudo se tem horas marcadas.

58 – CANSEI

Cansei de fingir,
Tenho que falar o que realmente estou a sentir.
Pare! Parece que tudo é perfeito,
Mas não é, e peço respeito.

Cansei de imaginar,
Queria ver acontecer para comigo guardar.
Sempre queremos que o bom aconteça,
E que isso prevaleça.

Se está cansado,
Não desista, pois o bem está ao seu lado.
Você é forte,
E também é capaz de atravessar o Norte.

Cansei,
Mas felizmente não parei e continuei.
Cansar é normal,
Mas, dependendo, não desista se não pode se dar mal.

59 – 5 MINUTOS

Preciso só de 5 minutos, nada mais,
Frente a frente lhe contar que meus sentimentos são reais.
5 minutos,
Que podem ser astutos.

5 minutos ao seu lado,
É o melhor sentimento que pode ser causado.
Ruim é que está longe, mas arranjamos um jeito,
Com esses 5 minutos tiro um pouco do amor que existe em meu peito.

Com somente 5 minutos me apaixonei,
Logo depois estranhei.
Nunca tinha acontecido,
Foi um novo ocorrido.

Hoje falamos desses 5 minutos preciosos,
E o quanto nossos amores podem ser notórios.
Agradeço por esse tempo que nos falamos,
Agora, graças aos 5 minutos, um ao lado do outro estamos.

60 – TE PERDER

Não posso deixar isso acontecer,
Não posso te perder.
Tenho que parar para pensar,
Se te perder, como vou amar?

Ficar sem você é como se fosse o céu sem a lua,
Bate uma saudade sua.
Não posso te perder,
Com você tive o melhor jeito de ser.

Sem pensar negativo, mas caso queira ir,
Vou continuar a pensar em ti.
Te perder não é uma opção,
Farei de tudo para reconquistar seu coração.

Te perder,
Isso não vai acontecer.
Vou lutar,
Para continuar a te amar.

61 – NOITE ENLUARADA

Esta noite me pego pensando,
Risadas com você estar soltando.
Noite enluarada,
Que em nossas mentes está guardada.

Nesta noite de luar,
Somente com você que queria estar.
Para falarmos sobre tudo,
Tudo sobre nosso mundo.

Noite enluarada,
Imagine se ela fosse nossa morada.
Foi como eu falei,
Com essa noite e com você sonhei.

Ainda bem que está ao meu lado aproveitando cada segundo,
Sempre lembrarei do momento mais profundo.
Nesta noite enluarada,
Quero que nossa alegria seja compartilhada.

62 – QUEM DERA

É desse jeito,
Se deixar dói o peito,
Quem dera fosse real,
Queria que fosse meu algo fatal.

Se realmente acontecesse,
E firme permanecesse.
Quem dera não se machucar,
E o coração não se quebrar.

Uma hora a ficha cai,
E ter recompensa você vai.
Quem dera fosse fácil como parece,
Mas fique calmo, uma hora acontece.

Felizmente terei história para contar,
E esperança espalhar.
Quem dera fossem todos persistentes,
Assim, não teria tantas pessoas descontentes.

63 – CHEGOU A HORA

Vamos lá,
Vamos para o lado de cá.
Chegou a hora de fazer,
Fazer o melhor para você crescer.

Já que já ajudou os outros, pense um pouco em você,
Você também faz acontecer.
Chegou a hora de você ser feliz,
Não faltou nenhum triz.

Chegou a hora de descansar,
Depois merece festejar.
Vá em busca de paz,
Olha as coisas boas que ela te traz.

Sempre confiante, pois chegou a hora de brilhar,
Olha onde você pode estar.
Lembre-se de tudo que aconteceu,
Se chegou ao final foi um mérito seu e você mereceu.

64 – SILÊNCIO

Às vezes, no silêncio, me pego pensando
No que eu poderia estar melhorando.
Ele me ajuda a pensar,
Pensar melhor e como devo estar.

Em um momento de silêncio pensei sobre aquilo que para mim
é importante,
E me veio aquela ideia, naquele instante.
O silêncio me ajudou,
Olha o que me proporcionou.

Mas nem sempre é bom tê-lo por perto,
Temos que ficar espertos.
Se agora estiver no silêncio, preste atenção,
Tire um tempo para você e para o seu coração.

Também, às vezes, ele pode machucar,
Porém algo que irá acontecer irá te ajudar.
O silêncio pode ser uma lição,
Depois lhe trará alguma emoção.

65 – QUANDO VOCÊ

Quando você me abraçou,
parece que meu sentimento gritou.
Fomos conversando,
parecia que algo estava rolando.

Realmente estava e me provou,
Provou-me quando me abraçou.
Quando você em mim pensar,
Pode comigo vir falar.

Foi tudo meio louco,
Se tivéssemos 3 horas para falar seria pouco.
Foi quando você segurou minha mão,
Que mais ainda levou meu coração.

Quando você em mim pensar,
Espero que pense como foi nosso jeito de amar.
Houve dificuldades
E estamos felizes, pois a superamos com nossas verdades.

66 – FÉ

A fé
é o que nos mantém de pé.
Sem ela estaria sem forças para continuar,
Foi a fé que me fez alegrar.

Tenho, pois necessito,
Sem ela seria um mito.
Tornei-me uma verdade,
Pois foi com a fé que vi a verdadeira felicidade.

A fé
É o que me mantém de pé.
Vou continuar,
Pois tenho um sonho a se concretizar.

Mantê-la na vida é importante,
Lembre-se dela a todo instante.
A fé é uma inspiração,
Faz não desistir e continuar seguindo seu coração.

67 – O AMOR CHEGOU

O amor chegou,
e ele em nós ficou.
Tudo aconteceu de repente,
Mas me deixou contente.

Mas no amor nem tudo é lindo,
E seguimos firmes sempre nos ouvindo.
Tivemos que ter paciência,
Demorou um pouquinho para entender sua essência.

O amor pode vir de ponta- cabeça e sem avisar,
Pode te assustar.
Chegou,
E meu coração melhorou.

Obrigado por ser esse amor,
Diminuiu muito aquela dor.
Pode ter chegado causando confusão,
Mas foi uma aventura para o coração.

68 – POR QUÊ?

Para tudo se tem uma explicação,
E pergunta-se o porquê daquela ação.
Podem sempre lhe perguntar por que aconteceu,
Mas só os de verdade sabem o que ocorreu.

Por que tem que ser assim?
Acho que foi o melhor para mim!
Sempre um porquê vai existir,
Uma hora ele tem de vir.

Ah, o porquê pode aliviar,
E aquele sentimento se soltar.
Diga o porquê daquilo que fez,
É a sua vez.

Tente se expressar,
O porquê pode te ajudar.
E não use para se justificar,
Se errado você pode estar.

69 – SEU NOME

Quando seu nome foi falado,
Na minha mente ficou guardado.
Acho perfeito,
Combina com seu jeito.

Te chamei,
E sabe que do seu nome gostei.
Ah, sempre vou lembrar,
Do jeito que queria me chamar.

Por que não sai da minha cabeça?
Parece que quer que permaneça.
Agora sabe que seu nome amei,
Deu-me coragem e falei.

Diferente, o diferente por quem me apaixonei,
Escutei seu nome e dizer que era lindo precisei.
Ah, seu nome, meu amor,
Só de escutá-lo me causa calor.

70 – INTENÇÃO

Foi realmente real,
Minha intenção contigo não era banal.
Era boa para os dois,
E vimos isso depois.

Uma intenção de amar,
Mesmo se longe de ti eu ficar.
Minha intenção é verdadeira,
Vou te mostrar isso através da minha maneira.

Começamos essa intenção longe, mas um longe que fazíamos
ficar perto,
Às vezes me pergunto se estou agindo certo!
Medo de você não entender a intenção,
Mas ainda bem que sabes da minha paixão.

Temos que ir com calma e sem pressão,
Para entendermos nosso coração.
Tenho que expressar essa intenção,
Pois, sem demonstração, como vais adivinhar então?

71 - CRÍTICA

Crítica
Sempre vai ter,
Você sempre vai ver.
Falam de tudo,
Às vezes queria que alguns fossem mudos.

É saber lidar,
Mas nem tudo aguentar.
Tem críticas construtivas e outras não,
Então, para não se magoar, mantenha os pés no chão.

Vão falar do seu jeito de agir,
E essas pessoas você deixe ir.
Quem diria que uma crítica traria essa lição,
Mas no começo doeu o coração.

Deixe criticar,
Nunca vão parar.
Enquanto criticam, você está progredindo,
E da melhor forma agindo.

72 - OLHAR PARA TRÁS

Se for olhar,
Parar, pensar, olha onde posso estar.
Tudo que aconteceu tem motivo,
E é por cada motivo que estou vivo.

Olhar para trás pode ser bom ou ruim,
Você que escolhe se vai ser assim.
Está nas suas mãos,
Pense e siga teu coração.

Lá atrás já passou,
E olha só, aqui estou.
É bom olhar e ver como foi meu caminhar,
No que seguindo o caminho posso estar a melhorar.

E esse caminho que desenhei,
Acho que não falhei.
Mas olhei para trás para ver tudo o que conquistei,
E ainda mais me orgulhei.

73 – DEPENDÊNCIA

Não tenha essa dependência,
Mantenha sua essência.
Ela pode te fazer mal,
Ser dependente de alguém não é normal.

Pode te causar trauma,
Mas não perca a calma.
Você sabe do seu valor,
E o quanto essa dependência lhe causa dor.

Jogue-a fora,
Agora a independência contigo mora!
Vá aproveitar,
Pois da dependência pode se livrar.

Ainda bem que aprendi,
Mas muita coisa eu vivi.
E ainda bem que passou,
Pois com minha independência agora estou.

74 – GUARDADO

Quero deixar guardado,
Esses momentos sempre vão estar ao meu lado.
Várias histórias
Que nos trouxeram várias memórias.

Guardei,
E feliz fiquei.
Você fez igual,
Foi leal.

Mas como tudo tem fim,
Acho que foi melhor assim.
Momentos e momentos vão estar guardados,
E por mim sempre serão lembrados.

Escrevi alguns acontecimentos,
Que foram bons e lentos.
Agora tudo está guardado,
E irá permanecer ao meu lado.

75 – TUDO

O tempo fez isto,
Não queria que acontecesse isso.
Não pensava em te perder,
Não imaginava que isso poderia acontecer.

Tudo tem uma explicação,
Mas te perder machucou meu coração.
Pergunto-me se tem como voltar atrás,
Porém, acho que não tem "mas".

Como disse, machucou,
Agora melhor estou.
Tudo passa, se esquece,
É isso que você merece?

Serviu-me como lição,
Se precisar estou aqui, até então.
Dói lembrar,
Queria isto escrever e não chorar.

76 – APROVEITAR

Aproveitar,
Aproveitar a vida enquanto sorrindo posso estar.
Aproveite cada momento,
Pois não vai ser lento.

Aproveitar cada brechinha para fugir de repetições,
Sempre terá novas ações.
Aproveite muito cada pessoa que você ama e não esquece,
Você sabe o que cada um merece.

Aproveitei e aproveito,
Descobri o melhor jeito.
Demonstração,

Que é o que ajuda na compreensão.

Não me arrependo,
E o os efeitos de minhas atitudes estou vendo.
Ah, aproveitar,
Foi o que muita coisa me fez conquistar!

77 – MADRUGADA

Nesta noite, madrugada,
Fico pensando se há alguma coisa errada.
Mil pensamentos,
Se estivesse lá fora poderiam ser levados com os ventos.

Nesta noite, madrugada,
Queria que minha alegria fosse encontrada.
Tento pegar no sono, mas parece que a madrugada é lenta,
Tenta não pensar em algo, tenta?

Minha companhia neste horário é meu travesseiro,
Ele sabe como acolher a lágrima no momento certeiro.
Madrugada,
Por que por mim tem que ser lembrada?

Quase dormindo, me vem aquele repetido pensamento,
Tenho que repetir quantas vezes que não é o momento?
Tanta coisa que não entendo,
O melhor é dormir e ir esquecendo.

78 – MEU ERRO

Às vezes relembro esse erro que ocorreu,
Parece que não estava dentro do meu eu.
Um erro que muita coisa pode mudar,
Mas é impossível não errar.

Não me cobro demais,
Em certas coisas não faço isso jamais.
Errar,
Se acontecer, você é capaz de consertar.

Aquele meu erro me serviu de lição,
E por meio dele melhoro cada vez mais minha ação.
Errar é normal,
Mas não faça dos seus erros um mal.

Se errar,
Peça desculpas e alguém irá te apoiar.
Com meu erro aprendi a lidar,
Mas faço de tudo para acertar.

79 - VIVER

Viver,
Sem pensar demais no que pode acontecer,
Viver é melhor que sonhar,
Sonhar é bom, mas as coisas você pode não encontrar.

Viver,
Fazer o bem ao meu lado permanecer.
Tem muita coisa para acontecer,
Que ainda vai resplandecer.

Viver intensamente,
Faça isso com atitude coerente.
Siga seu coração,
Mas também aja com a razão.

Viver momentos intensos, engraçados, de pressão, paixão,
E saberá qual a melhor ação.
Nesta vida de viver,
O melhor pode ocorrer!

80 - EU ERA

Eu era importante para você? Pois não parecia ser,
Sabia que machucava e continuava a fazer.
Eu era inocente,
Você sempre me passava para a frente.

Eu era seu amor?
Não parecia, pois ainda me causava dor.
Eu era sua razão,
Deixou de lado e perdeu meu coração.

Hoje não dependo de ninguém,
Quando me lembro disso, solto um "amém".
Eu era e agora, para mim, sou quem mais devo amar,
Quem te ama, não pensa em te machucar.

Eu era importante?
Não valorizou, agora só tem minha foto na estante.
Hoje sou feliz,
Mas ainda existe a cicatriz.

81 – E SE...

E se desse certo,
Queria você mais perto.
Parece que não faz questão,
Tenho que explicar isso para o meu coração.

E se não desse desculpas,
Queria que não mantivesse as coisas ocultas.
Mas tudo é complicado,
Ou talvez eu seja apressado.

E se realmente não for isso, tenho que lhe perguntar,
Mas o medo da resposta não quer deixar.
Sou maduro o suficiente para saber meu lugar,
Gostaria que a verdade você pudesse me falar.

E se me afastar enquanto não ver uma atitude,
Assim, não perderei a virtude.
Dói só você fazer por onde,
Por isso o sentimento se esconde.

82 – VAZIO

Infelizmente ele me acompanha,
Tornei-me uma pessoa estranha.
Esse vazio é insignificante,
Mas parece que não me larga um instante.

Queria isso não sentir,
E fazer ele sumir.
Vazio que infelizmente é difícil de arrancar,
Queria que ele longe de mim pudesse ficar.

É ruim pensar como era feliz,
 E para desinstalá-lo nada fiz.
Durante a noite ele piora,
E em minha cabeceira ao meu lado ele escora.

Vamos ver quando isso vai passar,
Uma hora ele vai cansar.
O vazio é indesejado,
Mas permanece ao meu lado.

83 – EU NÃO VOU

Eu não vou qualquer coisa aceitar,
Sei em qual posição na vida de alguém devo estar.
Eu não vou,
Já sei aonde aquele amor você deixou.

Eu não vou se não me sinto bem,
E não venha com essa história de "vem".
Foram suas decisões
Que fortaleceram minhas ações.

Eu não vou deixar,
Não terá mais como se aproveitar.
Foi uma difícil decisão,
Que parei de pensar com a emoção.

Eu sei do meu valor,
Não irá mais me causar dor.
Eu não vou,
Pois melhor agora estou!

84 – CONTINUAR

Se for para o bem sempre tentar,
Vale a pena continuar.
Continuar,
Uma hora irá realizar.

Se acha que não tem força, não desista,
Vá em frente e persista.
Continuar,
Para de bem consigo estar.

Não se deve parar,
Você vai alcançar.
Depois deve agradecer,
Pois, depois das lutas, feliz continuou a ser.

Vá em frente,
Se for seu sonho, aguente.
Continuar,
Só assim sei aonde irei chegar.

85 – TROCA DE SENTIMENTOS

Estes meus sentimentos,
Parecem que querem ser lentos.
Dentro de mim é uma confusão,
Não entendo essa sensação.

Tenho que saber como lidar,
O quanto puder, menos quero errar.
Porém, com essa troca, posso os outros machucar,
Por esse motivo, primeiro tenho que me encontrar.

Não é fácil me entender,
Esses meus sentimentos mudam por medo do que pode acontecer.
Se for capaz de compreender,
Ao meu lado pode permanecer.

Mas eu quero que entenda que te amo, meu amor,
Essas trocas de sentimentos podem causar dor.
Se quiser ir,
Agradeço pelo tempo que quis me ouvir.

86 – CALADO

Fico só olhando,
Observando...
Calado, pois tenho vergonha de falar,
Desde quando comecei a te amar.

Passa-me pela cabeça,
Será que tenho algo que tu mereças?
Medo de ser pouco,
E parecer louco.

Por isso permaneço calado,
Para ti não quero estar errado.
Mas se não falar,
Em nada é que vai dar.

Calado, mas me bateu coragem e falei,
Você sorriu, meu dia melhorei.
Contei a ti toda a história,
De que calado sempre te amei e que estás em minha memória.

87 – APRENDER

Tenho muito a aprender,
E faço as coisas por merecer.
Tudo pode servir de aprendizado,
Por isso evite o errado.

Nunca se esqueça do que aprendeu,
Algo essa aprendizagem lhe rendeu.
Você pode continuar,
Aprender te faz amar.

E no final terá a lição,
Será de acordo com sua ação.
A cada lição você pode chorar ou sorrir,
Saberá para onde ir.

Todo dia é dia,
O aprender lhe fala: "Sorria".
E lembre-se da lição,
Dela você não se esquecerá, não.

88 – DE VERDADE

Falei-lhe tudo o que sinto,
Mas por que ainda acha que eu minto?
Meu sentimento é de verdade,
Mas a insegurança ainda arde.

Tive que deixá-la de mão,
Assim, escutei meu coração.
De verdade, meu amor eu lhe entrego,
Em mim não existe ego.

Mas vejo que também tem medo,
De errar e de te apontarem o dedo.
Não esqueça que tem a mim,
Jamais faria com você algo assim.

Nosso amor não é perfeito,
Temos o nosso estranho jeito.
Mas ele é de verdade,
E somamos com a lealdade.

89 – OLHOS NEGROS

Foi nesses olhos negros que foquei o meu olhar,
Tenho visto há tanto tempo que cheguei a apaixonar.
Bateu-me uma coragem e contigo fui falar,
"Esses lindos olhos negros tenho que admirar".

Olhos negros são perfeitos, pois você os tem,
Pergunto-me quando vou vê-los mais além.
A coragem me ajudou,
Minha pupila dilatou.

Com você é meu lugar,
Foram esses olhos negros que fizeram eu te amar.
Seu olhar é bem profundo,
Está dentro do meu mundo.

Agradece ao seu olhar,
Pois fez contigo eu estar.
Olhos negros são perfeitos,
Podem encantar de vários jeitos.

90 – SUPERAÇÃO

Foi difícil, mas consegui,
A superação comigo está a seguir.
Superei alguns medos,
Já não podem mais me apontar o dedo.

Superação,
Ajuda o coração.
Não sinto mais dor,
Por aquele motivo que agora é indolor.

Já que foi superado,
A felicidade pode estar ao meu lado.
Feliz com essa sensação eu fiquei,
Agora posso dizer que superei.

Esse sentimento ruim não cabe mais em meu peito,
Tive de expulsá-lo de algum jeito.
Comigo levo a superação,
E agora lembro dela a cada ação.

91 – COM A LUA...

Com a lua escrevo essa poesia,
Que nesta noite é minha melhor e única companhia.
Com ela meus pensamentos vão passando,
Às vezes parece que o frio vai aumentando.

Com a lua converso quando estou só,
Parece que em minha garganta dá um nó.
Com a lua, que me escuta sem reclamar,
Todo o meu sentimento posso falar.

Com a lua, deitado na grama, penso em tudo que pude viver,
Momentos que não irei esquecer.
Com a lua, há fases,
Vendo-a respiro novos ares.

Com a lua sinto alívio, o peso vai embora,
Acho que chegou a hora.
É com a lua que fico assim,
Quero dar o melhor de mim.

92 – SOLITUDE

Aprendi que ter um tempo para si não é solidão,
É um tempo bom para você entender seu coração.
Nomeado "solitude", é um sentimento de "estar sozinho
agora é bom",
Entender esse sentimento pode ser um dom.

Com palavras e melodia em minha mente,
A solitude melhor se sente.
Viver os momentos,
Gostaria que fossem lentos.

Foi com essa fase que estou me encontrando,
Cada vez mais, melhor ficando.
Solitude não é solidão,
É um momento para que você se encontre neste mundão.

Muitos vão lhe apontar,
Mas você tentará não ligar.
Foi com a solitude que me encontrei,
E dali em diante melhor fiquei.

93 – INDECISÃO

Nesta indecisão não sei como agir,
Sempre me perco e não sei aonde ir.
Indecisão que me segura,
Muitas vezes esse medo satura.

Indecisão,
Por que persiste em ficar em meu coração?
Queria conseguir não ter,
Mas em quase tudo ela quer ser.

Vou conseguir esquecer,
Para a indecisão não mais me ocorrer.
Gostaria de saber,
Será que é aquilo que realmente devo fazer?

Como vou saber se é o certo?
Vou ter alguém que me ajude por perto?
Espero que consiga com a indecisão acabar,
Pois sem ela devo melhor ficar.

94 – ME APRESENTOU

Apresentou-me lados bons para sorrir,
Que agora, para nós dois, é a melhor forma de agir.
Apresentou-me o lado bom da vida,
E que muita coisa radiante ainda há de ser vivida.

Apresentou-me o sorrir sem explicação,
A única plausível é a felicidade do coração.
Apresentou-me o amor de uma forma diferente,
Fez-me perceber que posso ir muito à frente.

Agradeço por tudo e por tanto,
Acho que nada ou pouca coisa agora pode me causar espanto.
Tenho que agradecer,
Pois ao meu lado quis permanecer.

Apresentou-me de tudo bom um pouco,
Mesmo que pareça meio louco.
Enfim, obrigado,
Você em mim ficou marcado.

95 – EU SINTO MUITO

Há coisas nesta vida que não se pode conter,
Uma hora isso você vai ver.
Eu sinto muito pelo que aconteceu,
Talvez não seja algo que mereceu.

Mas é aprendizado,
Esse é o bom lado.
Às vezes estamos cansados,
Só que não desestabilizados.

Eu sinto muito, mas você é capaz de superar,
E algo melhor alcançar.
Sinta-se confiante,
E vá avante.

Com toda a positividade,
Com orgulho da sua verdade.
Sentir muito também é fortalecer,
Para sua força em pé permanecer.

96 – ATÉ A LUA

Será que consigo expressar
Que meu amor por você até a lua pode chegar?
Falam que é impossível,
Para mim é, sim, cabível.

Já lhe contei,
Que te amo, mas com certa insegurança fiquei.
E se não for para ser?
Será que a lua pode saber?

Até a lua eu te amei,
O porquê eu simplesmente não sei...
O caminho até ela pode ser complicado,
Mas a beleza e o encanto são desbloqueados.

Até a lua eu te amei,
E de tanta coisa me lembrei.
Tudo, cada detalhe, valeu a pena,
Lembro-me de cada cena.

CADA HISTÓRIA, UMA POESIA

97 – VEM COMIGO

Vem comigo?
Você sabe que eu ligo.
Ligo pra te ver feliz,
Vem comigo? Sempre foi o que eu quis.

Te chamei para me fazer companhia,
E era a melhor sensação que tinha.
Vem comigo e sabe que é minha alegria,
Sua animação contagia.

Vem comigo ver o pôr do sol,
Não esqueço quando me presenteou com aquele girassol. ✿
Sabe do seu amor,
Que felizmente não me causou dor.

Obrigado por vir comigo e fazer essa caminhada,
Que foi superimportante para completarmos nossa jornada.
Há muita coisa para acontecer,
E o bem vai prevalecer.

98 – POR QUE EU TE AMO?

Não tem explicação,
Por que te amo? Não tenho noção.
É um sentimento que em mim cresce,
E parece que não padece.

Por que eu te amo? Por você demostrar
Que ao meu lado quer ficar.
Tento entender,
Este amor que não vai morrer.

Por que eu te amo? Pela sua chatice, pela sua risada, pelo seu
simples jeito.
Para mim é meu imperfeito perfeito.
Ah, como eu te amo!
Quando sinto sua falta sempre te chamo.

Por que eu te amo? Pelos seus olhos, pelo seu jeito, pelo simples
fato de me amar,
E não me arrependo de falar.
Obrigado,
Te amo muito e este amor é reservado.

99 – MEU SEGREDO

Meu segredo
Foi o que se tornou,
Meu melhor segredo proporcionou.
Não vi uma pessoa ser um segredo tão importante,
Meu segredo é você e é estonteante.

Além de ser meu segredo, também é meu segredo chatinho,
Porém, por você tenho um carinho.
Escrevi coisas que em você foram inspiradas,
Minhas melhores lembranças que estão sendo guardadas.

Foi o meu melhor segredo,
Mas confesso que tinha um pouco de medo.
Mantemo-lo por muito tempo sem ninguém perceber,
Depois se tornou difícil esconder.

Não era mais meu segredo,
E agora todos sabiam que fazia parte do meu enredo.
Obrigado por ficar,
E meu melhor segredo se tornar.

100 – FOTOGRAFIA

Fotografia
Observo sua fotografia,
Ela para mim era uma melhoria.
Tive que a revelar,
Para seus olhos e boca admirar.

Uma fotografia perfeita,
Sua beleza como extraordinária vai ser eleita.
Carrego-a comigo pertinho,
Quando a vejo solto um sorrisinho.

Não sabes que tenho uma foto sua,
Nem que eu a admiro junto com a lua.
Não tem como te esquecer,
Conto ou não conto que foi sua fotografia que fez eu me apaixonar
sem perceber?

Um dia ela sumiu,
Saí perguntando quem a viu.
Ainda bem que encontrei,
Depois ficou sabendo que ainda mais me apaixonei.

101 – SER

Ser,
Quero ser o que ninguém pode crer.
Vou tentar,
Se falhar, posso recomeçar.

Ser o que desejo,
Vou alcançar o que almejo.
Ter comigo meu sorriso,
Valerá a pena tudo isso.

Ser inspiração,
Talvez, um dia serei então.
Tudo pode acontecer,
Você ainda vai ver.

Ser o meu melhor,
Vou fugir do pior.
Vou conseguir?
Eu não sei, mas para isso vou agir.

102 – JÁ

Já me arrumei,
Em frente irei.
Tenho que ir,
Para prosseguir.

Já vi que posso ser feliz assim,
Procuro o melhor para mim.
Tenho que estar bem,
Para conseguir ajudar alguém.

Já chorei,
E isso nunca neguei.
Alivia,
Segurar o choro ninguém devia.

Já aconteceu,
E o bem prevaleceu.
Se foi ao contrário, vai superar,
Logo, logo, melhor você vai estar.

103 – MEDO

Eu tenho medo,
Mesmo que seja cedo.
Agarro-me a meu travesseiro,
E sinto seu cheiro.

Aquele cheiro que traz lembranças,
Tentei tirar-me o medo e fazer mudanças.
Eu tenho medo
De errar e me apontar o dedo.

O amor não machuca,
Ele não se torna uma muvuca.
O medo conseguiu me pegar,
Porém não o deixei ficar.

Eu tenho medo de me machucar,
Todos sabem o que o amor não verdadeiro pode causar.
Só que não vou me privar de amar,
Uma hora a pessoa certa vai chegar e ficar.

104 – FATOS SOBRE VOCÊ

Há tantos fatos sobre você que me atraem,
E esses fatos me distraem.
O fato de o tempo voar,
Pois queremos mais tempo um do lado do outro ficar.

Amo o fato de brigarmos pela última colher de brigadeiro,
Sempre ganho e sinto-me como herdeiro.
Há também o fato de rirmos em horas erradas,
Temos que tentar segurar as gargalhadas.

Aquele que não pode faltar,
Que por meio de provocações começamos a nos amar.
Vem querer me provocar dizendo que comeu pudim,
Viro as costas, dou um sorriso e digo que não trouxe
nenhum para mim.

São fatos que para uns podem ser bobos, sem noção,
Mas são esses fatos que nos dão tanta ligação.
Fatos sobre você, foi aí que pude perceber,
Por eles me apaixonei e não pude correr.

CADA HISTÓRIA, UMA POESIA

105 – PASSATEMPO

Muitos podem pensar que você foi um passatempo momentâneo,
Só que nosso sentimento foi algo espontâneo.
Falaram e falaram que não íamos dar certo,
Mas um ao outro queríamos por perto.

"Não vão durar!",
Depois que falaram isso mais começamos a amar.
Vamos supor que o que pensaram foi real,
Como o que vivemos foi e é leal?

E aqui estamos nós,
Escutando nossa voz.
Apaixonei-me por cada detalhe,
Mesmo que os dois falhem.

Não foi um passatempo e sabem,
E não deixamos que os nossos amores acabem.
Meu passatempo favorito, que sempre vou querer por perto e não
abandonar,
Muitos ainda vão se impressionar!

106 – ANÔNIMO

Eu tinha medo de falar,
Então em anônimo resolvi me revelar.
Naquele momento em que você recebeu os bombons e a carta,
Pensou quem se escondia atrás daquela mata.

Queria que soubesse tudo,
Mas fui revelando aos poucos esse sentimento em meu mundo.
Romântico anônimo,
Observava de longe quando recebia e via seu ânimo.
Foi um bom tempo assim,
Ser anônimo estava sendo bom para você e para mim.
Encantava-me quando meu presente recebia,
Seu sorriso era contagiante e todo mundo via.

Um dia me revelei,
Todo meu sentimento e presentes expliquei.
Hoje posso ver que valeu a pena cada pedacinho que deixei marcado,
Pois o "anônimo" agora está ao seu lado.

107 – BORBOLETAS NO ESTÔMAGO

Você me causa aquela sensação,
Borboletas no estômago e em mim uma grande confusão.
Acho que nem desconfia,
Ainda bem que as borboletas são minha terapia.

Ah, te olhar
É como olhar para o mar e querer mergulhar.
Como nem tudo é perfeito,
Este é o melhor jeito.

Deixar as borboletas por mim se espalharem,
E se não for real, dessa para uma melhor voarem.
Mas sinto que contigo tenho que me abrir,
E deixar as borboletas vir e ir.

Eita, sentimento bom,
Tem um leve gosto de bombom.
Borboletas no estômago pode ser legal,
Traz um alto-astral.

108 – METAMORFOSE

Tudo muda,
Pode ser da forma mais profunda.
Por metamorfose irá passar,
Algumas fases terá de aguentar.

Tudo cresce,
E de muitos acontecimentos não se esquece.
Metamorfose é isto, entender que há desenvolvimento
E que não é muito lento.

Vai haver seu pior choro e sua melhor risada,
Que passam por metamorfose e de alguém foi herdada.
Temos de exemplo uma flor,
Com sol e chuva resiste ao frio ou ao calor.

Minha metamorfose é importante,
E valorizo dela cada instante.
Vou agradecer,
Pois ainda mais irei florescer.

109 – DESPEDIDA

Tenho muito para lhe falar,
Mas infelizmente a despedida veio a calhar.
Vou tentar resumir,
Espero que possa me ouvir.

De você me despeço,
E continue sendo feliz, é o que peço.
Muitas coisas aconteceram,
Boas e ruins ocorreram.

Mas tudo somou para a despedida,
Que talvez nem seja merecida.
Amamo-nos até o último instante,
Nosso amor foi impactante.

Uma despedida que não iremos esquecer,
Foi tanto o que fizemos acontecer.
Por fim,
Ainda te quero perto de mim.

110 – EM SUAS MÃOS

Tudo lhe entreguei,
Já sabe de tudo que eu falei.
Não sou somente eu que algo tenho que fazer,
Vai depender também do seu mover.

Em suas mãos deixei,
Minha parte eu fiz, então com a consciência limpa estarei.
Está nas suas mãos o nosso sentimento,
Não deixe ser levado pelo vento.

Ainda bem que sabe,
Que em suas mãos esse sentimento cabe.
De tudo eu fiz para nos vermos felizes e confiantes,
Mas do medo nos tornamos amantes.

Conseguimos melhorar,
E intensamente o nosso amor pode voltar.
Obrigado por tentar,
E não deixar de me amar.

111 – ÚLTIMO DIA

Este é o último dia,
Se fosse continuar, mais ainda me perderia.
Tenho que fazer sumir aos poucos esse sentimento,
Eu simplesmente tento.

Falei que hoje seria o último dia e jurei,
Este sentimento intenso de que te amei.
Último dia que irei sentir
Esta bagunça dentro do meu coração, embora tenha que ir.

Eu tenho que aprender,
Que poucos vão me amar do jeito que posso merecer.
Foi o último dia que lhe disse "eu te amo" e você sabe,
Este amor complicado e bagunçado em mim não cabe.
Fomos felizes, até tudo se virar,
Ninguém é culpado se verdadeiramente não fomos
capazes de amar.
Este é o último dia para lhe dizer,
Que sempre vou me lembrar de você e não vou te esquecer...

112 – INTENSIDADE

Diz que posso pensar em você sorrindo,
Essa intensidade em meu peito aumenta mais quando estou
te ouvindo.
Tô fingindo que sei de tudo,
Sendo que não entendo como posso amar tanto em um
pequeno mundo.

Ser intenso,
Pergunto-me se estou sendo muito e penso.
Há tantas palavras que me disse,
Imagine se eu não as ouvisse.

Essa minha intensidade pode ser delinquente?
Ou você não a sente?
Diga-me cada detalhe,
Talvez não atrapalhe.

Se quiser, posso tentar isto mudar,
Mas saiba que uma hora deixarei de te amar.
Apesar de que tudo que sinto é teu,
Acho que você me leu.

113 – CORAGEM

Coragem
Sabe que se precisa,
E muitas vezes ninguém te avisa.
Eu preciso dela por vários motivos,
E é por conta dela que estamos vivos.

Se eu tivesse tido coragem, falaria sobre aquele sentimento,
Mas ainda tento.
Uma hora a ficha cai,
E precisar de coragem você vai.

Vou ter que tentar,
Para funcionar.
A coragem em mim pode vir,
E não pode ir.

Tenha coragem para amar, sorrir, chorar,
Só não pode desanimar.
A coragem nos fortalece,
E o bem ela oferece.

114 – NÃO POSSO

Não posso deixar,
Mas sei que vou errar.
Eu quis,
E fui feliz.

Não posso me submeter,
Queria que já pudesse acontecer.
Infelizmente fiquei triste,
Porém o bem ainda se permite.

Não posso ser perfeito,
Este é meu jeito.
Tenho muito a mudar,
Para me acrescentar.

Não posso esquecer tudo que pude viver,
E melhor eu pude ser.
Agora sei que posso ser feliz, sorrir, amar,
Sabendo que o meu melhor pude dar.

115 – SEU ABRAÇO

Seu abraço me aconchegou,
E seu cheiro em mim ficou.
Sabe a sensação
De que com um pequeno ato já roubou seu coração?

Foi no abraço,
Que vi aquele imenso espaço.
Um espaço para ser contigo somado,
E você também se sentir amado.

Seu abraço me aconchegou, seu cheiro em mim ficou e jamais
esquecerei,
Sabe que ainda mais te amei.
Quando te toquei,
Logo arrepiei.

Uma sensação incrível,
Sentimento inesquecível.
Vou sempre lembrar do seu abraço e te lembrar
O quanto ainda continuo a te amar...

116 – ARREPIO

Causou-me arrepio,
Foi uma sensação de frio.
Mas um frio muito bom,
Você tem esse dom.

Não sei por quê,
Acho que você pode ver.
Foram tantos,
Em um eu estava em prantos.

Segurou minha mão,
E de arrepio foi aquela sensação.
Foi delicado,
E nada ousado.

Através desses acontecimentos pude ver o quanto aquela sensação
era sensacional,
Você também sentia e não era banal.
Nossos arrepios se juntaram,
Medrosos corajosos se amaram.

117 – INSUFICIENTE

Sinto-me assim,
Insuficiente até para mim.
Uma sensação estranha,
Que o coração arranha.

Tento fugir,
Mas muita coisa tive que ouvir.
"Olha lá, viu que aquele não conseguiu?"
Pelo menos não desistiu.

Não sei como parar,
Esse sentimento que quer me perturbar.
Vou continuar assim para continuarem a falar,
Ou vou me superar?

Tem dias que é difícil entender,
Essa insuficiência que insiste em prevalecer.
Uma hora vai passar,
E simplesmente vou amar.

118 – SIMPLES

Foi simples, mas intenso,
Para nós foi imenso.
Fomos aos poucos,
Para não ficarmos loucos.

Lembro cada coisa que aconteceu,
E até aqui nosso amor venceu.
Penso tanto na nossa simplicidade,
Que é nossa verdade.

Antes de tudo,
Já sabia que ia ser meu mundo.
Hoje pensamos em como vamos olhar a lua,
Uma simples ação minha e sua.

Somos felizes,
E estamos plantando nossas raízes.
Obrigado,
Por estar ao meu lado.

119 – DEIXE IR

O que não lhe faz bem,
Deixe ir e vá além.
Além das montanhas, além do mar,
Lembre-se de tudo que você pode passar.

Deixe ir,
Uma hora irão te ouvir.
Nem tudo é como queremos,
E disso sabemos.

Agora vou falar,
O quão intensamente quero amar.
Deixe para trás,
E do seu diálogo diminua o "mas".

Deixe ir,
Não vão mais te reprimir.
Vá em frente!
E algo novo tente.

120 – APROVEITE CADA INSTANTE

Um dia vou morrer,
Não vou saber como vai acontecer.
Enquanto não acontece,
Vou vendo tudo que prevalece.

Não tenho controle sobre nada,
Tenho muita coisa guardada.
Às vezes paro e penso se o morrer
Está perto de ocorrer.

Ninguém sabe do amanhã, mas tudo planejamos,
Será que para a morte preparados estamos?
Está tudo bem,
Mas a morte vem, sem avisar ninguém.

Enquanto ela não acontece, aproveite cada instante,
Para mais tarde não ser um momento preocupante.
Viva a vida intensamente,
Ela passa e você nem sente.

121 – SÓ LEMBRANÇAS

Só lembranças...
Parece que meu mundo parou,
Só lembranças me restou.
Tento parar,
Mas elas insistem em me alucinar.

Só lembranças que ficaram,
Lembro do quanto já me lembraram.
Fico pensando,
Porque só essas lembranças ficam me perturbando.

Umas são boas, outras nem tanto,
Às vezes me espanto.
Só lembranças me restou,
Com o bem agora estou.

Lembranças boas, recordáveis,
Umas nem muito saudáveis.
A vida é assim,
Boa para você e para mim, então não pense num fim.

122 – CONEXÃO

Não consigo explicar,
Essa nossa conexão que persiste em ficar.
Tentamos disfarçar,
Mas só basta nos olhar.

É inexplicável,
Você é uma pessoa amável.
Conexão no olhar, expressar, até brigar,
Acho que começamos a nos amar.

Vejo tudo,
Tudo em você é profundo.
Dos defeitos,
Aos lados perfeitos.

Nossa conexão que não tem explicação,
Só o universo sabe até então.
Amo te sentir,
E amo ainda mais te ver sorrir.

123 - PROMESSA

Fiz-lhe esta promessa,
Minha meta agora é essa.
Fazê-lo feliz, mesmo sendo pouco,
Assim não fico louco.

Você foi minha promessa e sabe,
Tento explicar essa bagunça arrumada e você sabe.
Minha promessa para cumprir,
Não sou capaz de destruir.

Meu bem,
Sabemos que essa promessa vai além.
Além das montanhas e do mar,
Foi ela que nos fez sonhar.

Que promessa linda!
Desde o começo foi bem-vinda.
Hoje estamos cumprindo,
E um ao outro ouvindo.

124 - FINAL

Temos que nos despedir,
Sempre o final vai vir.
E saiba de tudo que fez,
O seu final não tem talvez.

Pense em tudo o que viveu,
Ainda não é o final, pois não morreu.
Foi e está sendo uma longa caminhada,
Mas sua fé está armada.

Correr, sentir, amar,
Por muitas coisas ainda vai passar.
Podem algumas não serem fáceis e pensar que é o final,
Mas é só para você saber que tem forças para vencer a batalha tal.

Se fosse o final não seria emocionante,
Você vai vencer e também será arrepiante.
Foi o final que não previa,
Mas acho que o sorrir prevalecia.

125 – CARTA BRANCA

Nesta noite, peguei um papel, que se tornou uma carta branca indefinida,
Para todas as pessoas que sabem segredos da minha vida.
Carta branca para os outros sem conceito,
Mas quando eu a pego dói o peito.

Não é uma dor ruim,
Mas também não é boa para mim.
Nela coloquei os pesos que me atormentavam,
Mas os fatos bons também soavam.

Coloquei minhas cicatrizes,
De onde surgiram minhas raízes.
Carta branca ao amor,
Para escrever novamente, com menos dor.

Também entrego a carta à solidão,
Vai que ela quer me fazer viver uma aventura com emoção.
Sempre tenho a carta,
Assim, minha solidão aparta.

126 – CORAGEM DE SER IMPERFEITO

Tenho meus erros e não escondo,
Às vezes nem sei onde estou me pondo.
Coragem de ser imperfeito eu não tinha,
Mas sabia que uma hora ela vinha.

Antes gostaria de saber de tudo e não errar,
Porém na vida erros e aprendizagem não podem faltar.
Coragem de saber que vou errar e assumir,
Mesmo ninguém querendo me ouvir.

Coragem de ser imperfeito,
Este agora é meu jeito.
Vou tentar errar o menos possível,
E a imperfeição é imprevisível.

Imperfeição que é perfeita,
Então aproveita.
Essa coragem de ser imperfeito me abriu novas oportunidades,
Nossas imperfeições são nossas verdades.

127 – VOE

Voe para perto do seu sonho,
E isso te proponho.
Tenha um objetivo,
E isso te ajuda a ficar vivo.

Voe para perto do que te faz bem,
Pois mesmo não visíveis, asas você tem.
E quando estou cansado,
Voo para aquele lado.

Não sou especialista em voar,
Tenho turbulências a superar.
Mas não desista e voe, voe para onde quiser,
Não importa onde estiver.

Voei,
Mas será que minha rota encontrei?
Não vou parar,
Pois há muitos ainda para se explorar e voar.

128 – INTENSIDADE DE AMAR

Com você pude estar,
E soube a intensidade de amar.
Amar alguém,
Finalmente me fez bem.

Embora ainda tenha receio,
Diz-me que há sempre outro meio.
Intensidade de amar,
Amar alguém, aqui é meu lugar?

Intenso como a onda do mar,
Que pode tanto te derrubar, quanto te fazer relaxar.
Tudo com intensidade é profundo,
E amar melhora o mundo.

Reforçou
A intensidade de amar e comigo ficou.
Falei tudo o que podia,
Pois quando amava ninguém me ouvia.

129 – AMOR NÃO CORRESPONDIDO

Por te amar assim,
Meu amor não é correspondido por um sim.
Tentei deixar de te amar,
Mas pensar em você é como sonhar.

Demoro a entender e proceder,
Por você devo sofrer?
Acho que não,
Mas mesmo não correspondido, faz-me bem até então.

Fiz de tudo,
Escrevi seu nome e guardei na caixinha do criado mudo.
Mas tenho que entender,
Que ao meu amor não vai corresponder.

Penso como esse sentimento em mim cresceu,
Se não tive correspondência e ainda assim aqui prevaleceu.
Nunca amei ninguém assim,
E quando amo, tem um doloroso fim.

130 – ME DIZ

Diz-me o que eu faço pra ter comigo,
Não quero ter você só como amigo.
Diz-me o que eu faço para ter,
Sua pessoa ainda quero ser.

Vamos viver tudo que é possível,
Nossa felicidade é visível.
Diz-me como não te perder,
Não quero que isso venha a ocorrer.

Diz-me como conseguiu essa sua beleza,
E juntou com a leveza!
Por vários motivos quero te ver,
Como podemos fazer isso todo dia ocorrer?

Por último, diga-me dessa sua perfeição,
Que só você tem e me levou à sua direção.
Obrigado por dizer,
Amo-te tanto que ao seu lado quero viver.

131 - DEMONSTRE!

Demostre o seu sentir,
Fazendo isso, algo vai vir.
Já pensou, acelerar o seu amor?
Como um trem a todo vapor!

Demonstrar cada um tem um jeito diferente,
Às vezes um pouco inconsequente.
Sempre a dúvida vem,
Será que esse coração pertence a quem?

Demonstrei,
Mas será que errei?
Acho que poderia demonstrar mais,
Não sei, pois isso para ela pode ser um tanto faz.

Talvez meu demonstrar possa assustar,
É um jeito mais intenso que te amar.
Sinto que por dentro meu coração chora,
Ele pede um amor que não precisa de hora.

132 - AUTOSSUFICIÊNCIA

Tento ter a tão falada autossuficiência,
Porém parece que nessa parte tenho incompetência.
Não me sinto bem,
E isso não cabe a ninguém.

Estou me esforçando,
O melhor caminho procurando.
Porém só de me deitar passa um filme na cabeça,
Tudo o que está acontecendo talvez seja porque eu mereça.

A cada dia tento melhorar,
Vou arranjar uma forma de explicar.
Muitos me apontam porém não sabem o peso das palavras deixadas,
E não sabem que dentro de mim ficam guardadas.

Estou colocando em prática a autossuficiência,
Não quero perder minha essência.
Vou praticar,
Ainda quero saber o sentimento de me amar.

133 – VALORIZE-SE

Você mesmo, valorize-se sem pensar,
Se você não estiver bem, quem vai fazer você ficar?
Invista em você, vai perceber,
O bem que vai lhe fazer.

Ajudar é preciso,
Mas como vai fazer isso sem estar bem contigo?
Muito complexo?
Olhe para o seu reflexo.

O que lhe transmite? Leveza e valorização?
Se não for, essa é sua obrigação!
Lembre-se de tudo que já passou,
Olhe tudo que enfrentou.

Não pode ser um peso se valorizar,
Você tem que se cuidar e amar.
Pense em você e tudo que pode lhe trazer,
Transmitir para as pessoas felicidade e determinação de ser.

134 – FASES

Tudo vai passar,
Mas gostaria que umas fases pudessem ficar.
Sei que a vida é um estalo,
Por isso cada momento dela vou amá-lo.

Voa,
E vemos que ficam coisas à toa.
Fases são lições da vida,
Para ver como se lida.

Tire motivação de cada viver,
Talvez não volte a acontecer.
Às vezes pode lhe bater,
Outras vai querer que fiquem a permanecer.

Fases são mudanças,
Que podem trazer esperanças.
Vá e lute, cresça,
Foram as fases que lhe ajudaram a erguer a cabeça.

135 – UM SIMPLES "OI"

É, foi assim,
Um simples "Oi" que você falou para mim.
Era um estranho,
Que causou um arranho.

Um arranho bom, sem pretensão,
Com o seu simples "Oi" tive uma boa sensação.
Foi do nada,
Sem hora marcada.

Seu simples "Oi" deu uma reviravolta,
Depois me fez uma proposta.
Acho que nenhum imaginou,
Olha o que um "Oi" nos proporcionou.

Nem tudo é lindo,
Mas o bem é bem-vindo...
Nosso simples "Oi" vai ser lembrado toda vez,
Pois olha o que ele fez!

136 – EU SEMPRE VOU LEMBRAR

É, vou continuar,
Eu sempre vou me lembrar...
De quando do nada vinha me visitar,
 lembrava de dizer que não deixaria de me amar.

Foi tudo lindo,
E estava indo.
Indo em uma boa direção,
Até que nos perdemos na contramão.

Acho que o nosso amor continuou,
Só que a um fim chegou.
Não em questão de não amar,
Mas cada um seu caminho trilhar.

Eu sempre vou lembrar,
Dos dias e madrugadas que me fez gargalhar.
De você vou lembrar, meu amor,
Mesmo me causando uma pequena dor.

137 – SUA CONFIANÇA

Foi difícil conseguir,
Oh, pessoinha complicada para vir!
Quando chegou,
Logo já demostrou.

Sua confiança era preciosa,
Que gênio forte, minha nossa!
Fui aos poucos,
Porém tinha uns momentos que eram loucos.

Fui vendo que começou a confiar,
Agora que não vou te decepcionar.
Te agradeço,
Será que mereço?

Sua confiança
Trouxe-me esperança.
Obrigado por em mim confiar,
A base para o amor é isso, sempre vou te amar.

138 – MINHA LUA

Chegou a noite,
Vou para meu quarto, que é minha corte.
Observei que há um satélite perfeito,
Da sacada olhar é o melhor jeito.

Falei que era minha lua,
Lembrei-me de você e também é sua.
Para você liguei,
E pedi para observar comigo, sem lei.

Minha lua mais brilhou,
Quando sua se tornou.
Mas, dividi porque ganhou meu coração,
Junto com minha lua, maior emoção.

Depois de um tempinho, é nossa lua,
E gostávamos de ver até da calçada da rua.
Minha lua, meu amor,
Vou para onde for.

139 – FOI EMBORA

Foi isto o que você fez,
Parece que foi embora de vez.
Não pensou no nosso amor,
Só causou a dor.

Foi sem avisar,
O que pude fazer foi chorar.
Será que se esqueceu
De todo carinho que recebeu?

Foi e deixou comigo todas as lembranças,
As ruins e as melhores de heranças.
Não pude impedir,
Nem sabia que você iria ir.

Foi embora,
Mas não tem como te esquecer agora.
Deixou-me um vazio,
Até quando vai me causar frio?

140 – CALAFRIO

Você nem deve imaginar
Cada calafrio que pode me causar.
Uma boa sensação,
Que eu não entendo a razão.

Talvez seja pelo seu jeito, modo, andar,
Tudo pode agregar.
Oh, jeitinho lindo!
Principalmente quando está rindo.

Sinto esse calafrio quando vem em minha direção,
Ainda vou perguntar por que acelera meu coração.
Calafrio louco,
E não sinto pouco.

Você não deveria ter me causado esse sentimento,
Ou que ele fosse mais lento.
Mas agradeço por ter causado essa sensação,
Foi boa com emoção.

De madrugada pensei em você e o mesmo aconteceu,
O calafrio bom em mim permaneceu.
Vou lhe falar,
Será que estou a amar?

142 – RECAÍDA

Não quero ter,
Mas minha melhor recaída iria ser.
Foram vários motivos que fizeram nos separar,
E ainda continuo a te amar.

Conto-lhe sobre esta confusão,
E o culpado é o bendito coração.
Tentei disfarçar,
Mas não consegui não contar.

Quero te ter novamente,
Acho que sente.
Será muito vacilo se eu te perder por imaturidade,
Por isso, venho lhe falar a verdade.

Quero te ter de volta,
E minha mão você não solta?
Sei que foi do nada a recaída,
Mas que pode ser esquecida.

143 – PRIORIDADE

Tornei-me minha prioridade,
E não é na maldade.
Também tenho que pensar em mim,
Se não, como será meu fim?

Se me cuidar,
Outras pessoas posso ajudar.
É difícil? É.
Mas a fé se mantém em pé.

Tudo pode afetar,
Por isso minha prioridade bem tem que estar.
Se não estiver preparado,
Como vou passar pelas dificuldades naquele estado?

E não é só pensando em mim, mas também em quem está
ao meu lado,
Pois muitos ficam preocupados.
Tornei-me minha prioridade,
Agora, sim, vejo verdade.

144 – CANSAÇO

É evidente,
Cansei de ser qualquer coisa para esta gente.
Cansei,
E felizmente de mim me orgulhei.

Cansei de amar sozinha,
Uma hora a tristeza vinha.
Deito-me para pensar,
É difícil não lembrar.

Cansei,
E de muita gente me afastei.
Acho que me fez bem,
Pude passar e além.

O cansaço me pegou,
Agora, depois de um tempo, com minha mente, livre estou.
Vou espairecer,
Pois sei que feliz posso ser.

145 – ESPERE POR MIM

Foram tempos,
E não lentos.
Com a bela paciência,
Viu minha verdadeira essência.

Em você eu acreditei,
Espere por mim e te esperarei.
Houve coisas complicadas,
E em horas erradas.

Mas hoje sabemos que tudo teve um motivo,
Espere por mim, pois o nosso amor ainda está vivo.
Escrevo-lhe tanto, mesmo sabendo que não pode ler,
Espere por mim, em algum momento você vai ver.

Ver, ao vivo e a cores,
Como foram crescendo esses nossos amores.
Espere por mim,
Vai valer a pena lá no fim.

146 – FIQUE!

Fique tranquilo,
Não vai acontecer aquilo.
Tenha fé,
Pois já sabe quem te mantém de pé.

Fique feliz,
E diga: "Tudo o que pude eu fiz!"
Não conquistou? Então não foi para ti,
Daqui a pouco vai ficar orgulhoso de si.

Fique bem,
Pois assim é melhor a quem?
Não só a você, mas quem te ama e quer que conquiste o que sonha,
E a felicidade em seu coração ponha.

Fique!
E mantenha o pique.
Lembre-se de tudo que passou,
E nada te derrubou.

147 – BOM PRA MIM

Foi assim,
Teve um fim.
Fiquei ruim,
Mas foi bom pra mim.

Aprendi o que é verdadeiro,
E o que não é tem que ser jogado dentro de um bueiro.
Foi bom pra eu perceber,
Mesmo que viesse a doer.

Às vezes a vida pode lhe dar lições,
Trazendo em efeito não tão belas preposições.
Em vista do que deseja, corra atrás,
Não deixe ser corrompido por aquele "mas".

Bom pra mim e assim eu fico bem,
Corro atrás do que quero para não ficar sem.
Bom pra mim?
Ou foi um fim não tão bom assim?

148 - PERCEBE

Não sei se você percebe,
Enquanto não, um copo d'água bebe.
Percebe esse sentimento,
Que em mim é lento.

Percebe o meu sorriso quando te vejo,
Estar contigo almejo.
Acho que foi um sentimento louco,
Que consigo explicar pouco.

Percebe que eu quero te levar,
Levar para um lugar onde aprendemos como foi amar.
Quando quiser pode chamar,
Gosto de contigo falar.

Coisa boa
Perceber que nosso amor não é à toa.
Mesmo com dificuldade,
Percebemos nossa verdade.

149 - EVOLUÇÃO

Todos devem passar por uma evolução,
Com forte determinação.
Sem deixar o medo tomar conta,
Ir de ponta a ponta.

Evoluir,
Saber florir.
Deve-se ter foco e persistência,
Com permanência.

Agora, faz parte de mim a evolução,
Acho que faz bem pro coração.
Devo seguir?
Sei para onde ir?

Só o tempo responderá,
Com minha evolução um pouco de tudo acontecerá.
Eu, aqui, pensei,
E por tudo agradecerei.

150 – DÓ

Tenho dó de quem quer ser maior que o outro sabendo que todos
são capazes,
Só estão em diferentes fases.
Vá em frente,
Arrume-se e leve o pente.

Dó eu tenho de quem te subestimou,
E sabe que errou!
Vai ver você virar,
E seus sonhos conquistar.

Vá,
Mas volte para cá.
Pois sua conquista vai contar,
E com dó dos que zombaram vão ficar.

Você sabe,
E tudo a você cabe.
Parabéns! Tenho dó de quem não acreditou,
Olha aonde já chegou!

151 – CHANCE

Dê-me uma chance para explicar,
Desculpa se não estava a gostar.
Mas comecei a te amar,
E foi o único jeito de demostrar.

Um tanto estranho ou louco,
Essa chance que tenho é pouco?
Sei que não tenho atitudes padrão,
Foi um jeito diferente de falar sobre minha paixão.

Guardei por muito tempo e você não desconfiou,
Era só mais uma pessoa que em sua vida entrou.
Tanto fez,
Chegou minha vez?

Se sim, quero sempre ficar,
Já disse que estou a te amar?
Se não,
Estou com todo o coração.

152 – PLANOS

Tenho planos muito loucos,
E não quero realizar poucos.
Vivi muita coisa inesperada,
E quero que eles aconteçam na hora marcada.

Porém, nunca vai ser assim perfeito,
Mas é o jeito.
É esperar,
E preparado ficar.

Planos para se formar, crescer, casar,
Ou como alguns fugir do amar.
Planos para uma família constituir,
Simplesmente sorrir.

Pode não sair como o esperado,
E tente não ficar chateado.
Planos todos vão fazer,
E como vão ser?

153 – MUITO ALÉM

Muito além do que posso ver,
Como realmente deve ser?
Posso ir?
Mas antes de ir devo ouvir.

Muito além do que pessoas,
Há emoções, medos, coragens, memórias boas.
Devo aguentar?
Para ir além por obstáculos irei passar.

Muito além do que corpos esculturais,
Independentemente de estética, ame mais.
Dê um tapa na sociedade,
E faça resplandecer a verdade.

Muito além do que eu sei,
E também do que pensei.
Vá além!
Que sua força se mantém.

154 – AMAR PODE DOER

Inconsequentemente amamos quem não merece nosso amor,
E este pode lhe acarretar dor.
Dói o peito,
Mesmo te amando desse jeito.

Mas veio até mim,
E explicou a dor que parecia não ter fim.
"Te amei demais", suas palavras já não me convencem,
Pois pessoas que amam não mentem.

Amar pode doer,
Uma dor que não passa eu poderia escolher.
Porém, o amor não é conto de fadas,
Ele tem suas surpresas guardadas.

Amar pode doer, e amar pode somar,
Uma hora melhor vai ficar?
Doeu, mas passou,
E agora? A dor do amor somou?

155 – QUANDO SE GOSTA DE ALGUÉM

É desse jeito,
Pode doer o peito.
Quando se gosta de alguém, podemos confundir,
Estou realmente gostando ou só gosto do jeito de agir?

Quando se gosta de alguém, acho que podemos pensar
nas consequências,
Permitindo-se viver novas experiências.
Acho que não deveria,
Não era algo que sonharia.

Quando se gosta de alguém, quer ver a pessoa todo dia,
Seria muita agonia?
Uma parada louca,
A ansiedade não está sendo pouca.

Como falar que quero te ver?
Sem um emocionado parecer ser?
Quando se gosta de alguém, tem o medo de falar,
Se não falar, o sentimento pode crescer e surgir o amar.

156 – AMOR BOBO

Tanto faz, mas vou lhe falar,
Sobre este amor bobo que faz mais ainda eu te amar.
Um amor bobo simbólico,
Sem ser nada caótico.

Querermos um amor leve,
E esse amor bobo descreve.
São ações não pesadas,
Não deixamos amarguras guardadas.

O fato de ser bobo é parecer criança,
Que em tudo vê esperança.
Brincadeiras, falas, atitudes,
Entre essas, são algumas das nossas virtudes.

Um amor,
Sem nenhum rumor.
Simples, bobo, calmo e intenso,
Um amor imenso.

157 – OCULTO

"Eu estou bem!"
Mas realmente ninguém sabe do meu além.
Deixo tudo oculto,
E mais as coisas dificulto.

"Não quero atrapalhar",
Para mim pode errado dar.
Sabe o pressentimento?
Eu não mais o aguento.

Tenho valentia,
E aquele sentia.
Julgam e julgavam,
Por isso deixo oculto, pois muito falavam.

Abro-me com quem realmente confio,
E às vezes é um desafio.
Oculto devo manter?
Pois não quero debater.

158 – RESPEITO

Respeito
Deve-se ter antes do leito.
Com pessoas importantes em nossas vidas,
E que são bem-vindas.

Tenho que ter pelo próximo,
E é um máximo.
Imagine receber
Respeito sem cobrar e não esquecer.

Respeito deve ser dado,
E não deve ser acuado.
Se lhe faltaram com ele, saia de perto,
É o certo.

Não deixe outras pessoas te diminuir,
Nem tudo se deve ouvir.
Se você sabe o que é respeito,
Já agradeço pelo belo jeito.

159 – INSTANTES

Hoje o tempo passa e nem vemos,
Só lembranças ficando percebemos.
Instantes para respirar, rir, amar,
E belas vibrações deixar.

Instantes rápidos,
Que não podem ser precipitados.
Não crie paranoias, nem imagine situações incoerentes,
Cada um tem suas lentes.

Podem passar,
E de muitos nem vou lembrar.
Mas terão os marcantes,
Que foram compostos pelos instantes.

Agradeci,
Não esqueci!
São belos instantes,
E marcantes.

160 – FIQUE À VONTADE

Fique à vontade,
Para falar toda a verdade.
O que sente,
Ou se mente.

Fique à vontade se quiser me falar,
O que está a guardar.
Sei que posso estar errado,
Mas não aguento mais ficar calado.

Eu te amo e não é de agora,
Tem muito tempo afora.
Fique à vontade para imaginar,
E eu aqui continuo a te amar.

Se quiser meu coração, fique à vontade,
Só não vá na maldade.
Pode ser difícil entender,
Mas pense se estou a merecer.

161 – TE AMO

Olha eu aqui, pensando em ti,
Lembrei quando teu nome li.
Te amo. Pouco?
Não! Mas que louco.

Amar numa intensidade que em mim nunca foi alcançada
Me deixou com a mente bagunçada,
Uma bagunça boa,
Que era daquelas que soltava sorrisos à toa.

Nunca imaginei isto, um "te amo" real,
Que não foi banal.
Agora posso dizer que foi indispensável,
Minha pessoa amável.

Te amo há milhões,
E sabes das minhas razões.
O teu "te amo de volta" acelera meu coração,
Tu não sabes a proporção.

CADA HISTÓRIA, UMA POESIA

162 – UM DIA

Um dia terei a sensação de lembrar tudo que vivi,
As tristezas, os choros, os sorrisos, daqui até lá será que vão
estar vivos?
Lembrar que um dia eu amei,
Mas que doeu e me enganei.

A sensação de um dia me encontrar,
E não mais me machucar.
Parece que tudo dói,
Em mim se corrói.

Um dia quero isso não sentir,
Quero sentir que o melhor está por vir.
Talvez um dia...
Quero sair dessa melancolia.

Um dia vai parar de doer,
Porém quando isso vai acontecer?
Esse dia vai chegar,
E eu vou estar com os braços abertos para agarrar.

163 – NÃO TENHO

Não tenho mais aquele calor,
Que por muita gente sentia amor.
Já muitos acontecimentos ocorreram,
Só que não me prenderam.

Não tenho mais tanta confiança,
Mas ainda há um resto de esperança.
Esperança que cresce,
E dela você não se esquece.

Não tenho como dizer
Tudo que vai acontecer.
E nem quero,
Só espero.

Espero que tudo fique bem,
E digo: "Amém!".
Não tenho mais paciência para o pouco,
Não quero ficar louco.

101

164 – BLOQUEIO

Bloqueio
Que no emocional veio.
Por razões que me fizeram
E me puseram.

Sabe o medo de me relacionar?
Porque já tentei, errado deu, e tenho medo de novamente tentar.
Por esse bloqueio perco, talvez, a oportunidade
De conhecer alguém que mostre a verdade.

Um bloqueio emocional,
Irracional.
Não sei como lidar,
Ele em mim pode ficar?

Quero conhecer a pessoa,
Mas esse bloqueio me deixa à toa.
Um dia vou superar,
E ainda vou realmente amar.

165 – EU

Complicado,
Eu passo por cada bocado.
Uma loucura atrás da outra e é interessante,
Junto vem o estressante.

Eu não me reconhecia,
E nem todo mundo via.
Eu um dia me desesperei,
Porém fui eu mesmo que me acalmei.

Eu me perguntava o porquê de ter poucas pessoas ao meu lado,
Não entendia que era o objetivo a ser buscado.
Foram aprendizagens e vi que na vida pessoas entram e
podem sair,
Eu nem sempre vou saber para onde ir.

Eu não sabia o que fazer,
Só fui quem eu realmente pude ser.
Todas as pessoas têm uma bagunça dentro de si, mas vão
se encontrar,
E vão saber o peso da frase "Eu tenho que me amar!".

166 – ...

Teria tanto para lhe falar...
Melhor não falar, para não piorar.
Essa indecisão, do coração,
Que não sabe se é certa aquela ação.

Medo de palavras guardar,
Que podem fazer o sentimento aumentar...
Aflição,
E também de não ter contado até então.

Não sei como descrever,
Melhor deixar amadurecer.
Se eu nada dizer...
Com certeza não tem como algo ocorrer.

Por isso queria aqui essa dúvida terminar,
Estou disposta a te amar, você também vai estar?
Com as reticências termino de expressar,
Só não poderia mais me calar...

167 – INEXPLICÁVEL

Uma parada inexplicável,
Quem passa se sente amável.
Olhar para as estrelas, lembrar você e no meio da noite lhe ligar,
Disse-me que foi de parar o ar.

Inexplicável essa nossa forte ligação,
Acho que os astros e Deus ouviram nossa oração.
Vimos,
Admiramos e o principal: sentimos!

Minha pessoa doidinha,
Que ama uma balinha.
Parece criança,
Ainda vê muita esperança.

Inexplicável eu te amar tanto,
Só sei que estamos fazendo nosso manto.
Eu contigo quero amar, brigar, crescer,
Inexplicável esse nosso jeitinho de ser.

168 – DESENCANTO

Foi um tapa na cara,
Que não é uma coisa rara.
O desencanto teve que vir,
Outrora ele teria que ir.

Tinha me encantado pelas coisas simples, sem nada de valor,
Achei que o que importava para você era o amor.
Tinha sua pessoa em minha cabeça de uma maneira,
Porém depois vi que parecia uma feira.

O desencanto pode ter demorado,
Mas foi abençoado.
Livrei-me de uma confusão,
Era só eu que estava me doando de coração.

Desencanto pode ficar,
Pois por aquilo não quero mais passar.
Desencantar,
Se não estiver tudo bem, nada melhor que deixar do peito saltar.

169 – 00:01

Foi do nada,
Esta hora está guardada.
00:01, quando tudo aconteceu,
A partir de agora, assim nosso amor se reconheceu.

Onde um novo dia começa, e nossa história também,
Nossa virada foi além!
Além do que eu possa imaginar,
O que 1 minuto pode somar!

Foi tudo louco,
Louco bom e não foi pouco.
00:01, meu amor, não tem como de você não lembrar,
Nosso horário que é intenso a amar.

Como dito, foi uma virada, inexplicável sensação,
Que acelerou o coração.
00:01, um minuto de atenção,
Para nos lembrarmos da nossa emoção.

CADA HISTÓRIA, UMA POESIA

170 – MEIO-TERMO

Meio-termo, uma coisa inacabada,
Algo que me deixa preocupada.
Gera dúvida, preocupação,
Não ajuda o coração.

Metade de um "eu te amo" não tem valor,
Meio-termo não é indolor.
Se quem está recebendo
Vai estar doendo.

Melhor se doar por inteiro,
Magoar-se não vai ser o acontecimento primeiro.
Meio-termo, como dito, não tem valor,
Não causa calor.

Se for para ser assim, nem comece,
Será que meio-termo se esquece?
Não aquece, não marca,
E o meio-termo acaba.

171 – JÁ PENSOU?

Já pensou?
Em tudo que passou e até aqui chegou.
Pode desfrutar de cada segundo,
Neste pequeno grande mundo.

Já pensou se amou intensamente?
Ou é uma coisa que não sente?
Eu sei que não é fácil vencer,
Mas você vai poder.

Já pensou em se expressar?
Sem o medo e a insegurança de amar?
Eu vou pensar no melhor, na melhor situação,
Já viu que pode ter compaixão.

Penso tanto no bem que posso fazer,
Mas sozinho faço pouco acontecer.
Já pensou?
Repensei e olha onde estou!

172 – QUERO VOCÊ

Quero você, sem perceber,
Nem parece que vai doer.
Nos seus mínimos detalhes, sem cobrança,
Com a fala mansa.

Quero você, pois mudou não só um dia,
Mudou tudo quando conversamos e o mal eu esquecia.
É ruim te querer?
Algo vai ocorrer?

Dizem que eu não disfarço,
Mas o possível eu faço.
Quero você, sem perceber,
Mesmo que meu peito venha a arder.

Se não der, vou superar,
Uma hora vai passar.
Quero você, e te querer é um problema?
Quero você e não é um esquema.

173 – DECIDA

Ninguém gosta de ser dúvida na vida de uma pessoa,
Mesmo que ela seja muito boa.
Decida, sem pressão,
Só não aguento mais essa ilusão.

Já doeu demais e não consigo ficar,
Todos têm que saber o valor de amar.
Decida, pois não sei se tenho mais paciência,
Os dois estão perdendo essência.

Se não vai para a frente, vamos parar,
Mesmo estando a nos amar.
Decida, pois nosso amor ainda vale a pena a tentar,
Muitas coisas a organizar e alcançar.

Decida aí, pois eu te amo, mas não vou te obrigar a ficar,
Não merecemos chorar.
Quando tiver a resposta, comigo deve falar,
Será que aquele foi o nosso último beijo a se recordar?

CADA HISTÓRIA, UMA POESIA

174 – UMA ROSA TÃO BONITA

Uma rosa tão bonita, parecia ter calor,
Confiante em si mesma não merecia mais a dor.
Foi regada e acolhida,
Com sua paz merecida.

Criou espinhos para sua própria proteção,
Assim, tão frágeis são as pétalas e também o coração.
Raízes foram crescendo,
E sua essência foram reconhecendo.

Uma rosa tão bonita,
Com a beleza finita.
Não merece mais sofrer,
Já bastou cortada ser.

Marcou onde ficou,
Mas também a lágrima escoou.
Essa rosa é lembrada,
E não deixou de ser amada.

175 – CAFÉ

Ele ama, ela odeia,
Para ele, não gostar de café é uma encrenca feia.
Provocação atrás de provocação,
Será que pela encrenca do café nasce uma paixão?

Chegou no escritório, e logo ofereceu
"Uma xícara de café bela dama", para ela parece que esqueceu.
Sem muito o que dizer, só disse que café não agrada seu paladar,
O homem queria mais uma "discussão" arrumar.

Conhecidos pelo casal "amargo" que não aceitava do outro
não gostar,
Discussão que uma amizade em quase amor podia acabar.
Se não era o café que causou isso tudo,
Construindo um novo amor ou querendo deixar o
trabalho no mudo?

A história ficou conhecida
Na empresa, o casal "amargo" a viveu bem vivida.
Café, o culpado dessa encrenca que fez a história virar,
Quem diria que ele foi o colaborador, mas tanto a nos amar.

176 – ❤

Você nunca estará só,
Nem que esteja só o pó.
Quero que saiba e não esqueça,
Oro e peço que bem amanheça.

Bem vivido e cuidado deve ser o coração,
E que não seja apenas uma obrigação.
Viva tudo o que puder,
Esteja pronto para o que vier.

Você é muito forte e já sabem,
Julgar você a eles é uma das coisas que não cabem.
Seja forte e corajoso,
Vai alcançar o glorioso.

Glorioso amor,
Que à vida traz calor.
O amor que é verdadeiro,
Seja seu próprio escudeiro.

177 – MEU BEM

É, foi o que se tornou,
Meu bem, que com simplicidade me amou.
Eu não consigo explicar,
Em tão pouco tempo fez tudo revirar.

De modo geral revirar para o lado bom,
Tirou o destom.
Tento parar de pensar,
Mas parece que comigo ainda mais quer estar.

Foi de uma maneira,
Acho que certeira!
Meu bem, abro meu coração,
Fez dar à minha vida mais emoção.

Eu tentei não te amar,
Com medo de certo não dar.
Mas esse plano falhou,
E com meu bem que me faz bem agora estou.

178 – COSTUME ERRADO

Seria certo dizer que eu tenho um costume errado?
Apaixonar-me por quem não quer ficar ao meu lado?
Vou lhe falar,
Queria o recíproco amar.

Nem sei,
Nem pensei.
Apenas me apaixonei,
E penso em que errei.

Foi a pessoa ou o momento?
Esse sentir eu tento?
Costume errado,
Que vai ser mudado.

Não vai mais existir,
Só irei amar se o recíproco vir.
Costume errado,
Que já foi desmarcado.

179 – AMOR DE VERÃO

Foi um amor inesperado, amor de verão,
Quando a chuva cessa e surpreende a nação.
Um amor que não foi preparado,
Talvez um pouco ousado.

Com o verão ainda existe o vento,
Que pode não ser lento...
Supera as expectativas,
No verão as flores permanecem vivas.

Nosso amor é assim e supera,
Antes não era assim, era?
Eu tenho tanto para lhe falar,
O tempo vai ajudar.

Um amor de verão,
Que nos deu à vida emoção.
Agradeço pelo nosso amor
De verão, que amamos um calor.

180 – DESACREDITADO

Perdeu a vontade de tentar,
Em sua cabeça pensa: "Errado vai dar".
Não tem por que ser assim,
Mas já estou desacreditado de mim.

Ida à frente,
Lembro-me de pouca gente.
Acho que estou desacreditando das pessoas,
Não desisto, pois ainda existem as boas.

O mundo se revirou,
Olha como tudo ficou.
Uns não sabem da felicidade,
E os que sabem também pedem piedade.

Desacreditei,
Mas não desistirei.
Ainda há esperança?
Sim! Deixaram-me de herança.

181 – TE AMAR

Olha eu aqui, pensando em ti,
Lembrei quando teu nome li.
Te amo. Pouco?
Não! Mas que louco.

Amar numa intensidade que em mim nunca foi alcançada
Me deixou com a mente bagunçada,
Uma bagunça boa,
Que era daquelas que soltava sorrisos à toa.

Nunca imaginei isto, um "te amo" real,
Que não foi banal.
Agora posso dizer que foi indispensável,
Minha pessoa amável.

Te amo há milhões,
E sabes das minhas razões.
O teu "te amo de volta" acelera meu coração,
Tu não sabes a proporção.

182 – RISCO

Não queremos passar risco ou não devemos,
Só que percebemos.
Percebemos que na vida é normal,
O risco às vezes é crucial.

Pois nada vem fácil e temos de fazer,
Se você realmente quiser fazer acontecer.
Pode haver risco e pode ter medo,
Não precisa manter em segredo.

Todos passam,
Mas, os riscos também acabam.
Vai na fé e não desista,
Você é forte, persista!

Arrisque se a amar,
Sorrir, viver, ou até mesmo chorar.
Tem risco que não devemos correr,
Então se prepare caso possa acontecer.

183 – CAMINHOS SE CRUZARAM

Sem querer,
Não queria mais sofrer.
Então nossos caminhos se cruzaram,
E parece que se amaram.

Foi destino? Ou não?
Foi uma simples linda ação.
Como sabemos, a minoria das coisas que acontecem são perfeitas,
Cada um com seu tempo nas ampulhetas.

Caminhos se cruzaram,
E nem avisaram.
Foi bom desse jeito,
Foi o melhor que deviam ter feito.

Tudo em um tempo, sem pressão,
Mas ainda assim assustou o coração.
Não sei como fazer,
Mas nossos caminhos sabem o que dizer.

184 – PROVA DE AMOR

Foi intenso,
Até hoje penso.
Prova de amor que não tem como explicar,
Os detalhes do amor são difíceis de falar.

Mas sempre será lembrado,
Prometa que vai estar ao meu lado.
Eu te amo e todos sabem,
Ainda que falem.

Prova de amor, o mais importante é apoiar,
Fazer um ao outro somar.
Não precisa de luxos, presentes caros, são coisas e atitudes simples
que somam,
E nem tempo tomam.

Prova de amor é pela dificuldade passar,
E ainda assim a mão segurar.
Com afeto, reciprocidade, amor,
Esquecemos aquela dor.

185 – TE AGRADAR

Eu tentei e você sabe,
E me julgar não lhe cabe.
Te agradar eu queria,
Essa parte você sempre ouvia.

Mas parecia que era só eu,
Essa dúvida me rendeu.
Será que eu era quem estava errando?
Sei que eu estava me doando.

Te agradar
Era sem pensar.
Mas eu cansei.
Não fui só eu que falhei.

Vou deixar você ir,
Talvez depois possa me redimir.
Te agradar eu tentei,
E tudo que pude aguentei.

186 - MARCA

Pessoas se afastaram e jamais imaginei,
Doeu e só eu sei.
Uma dor e um vazio que não consigo explicar,
Estou tentando esquecer e me recuperar.

Será que elas imaginam a marca deixada?
Acho que não, pois permaneci uma pessoa calada.
Sem avisar,
Olha o que pode causar.

É o que eu fiz, e penso de que adiantou,
Olha só como tudo ficou.
Quiseram,
E fizeram.

Mas para tudo tem uma explicação,
Às vezes tendo uma alteração.
O que me sobrou foi a marca que queria tirar,
Mas ela vai cicatrizar.

187 - ARRISCAR

A famosa vida
Tem que ser vivida.
Se não arriscar,
Talvez não possa cantar.

Arriscar,
Para amar.
Arriscar,
Para falar.

Mas tudo isso num bom sentido,
Um belo tom para o ouvido.
Pode haver medo, ninguém não o tem,
O medo faz parte de cada quem.

Só arriscando que irá descobrir,
O que há de bom para sorrir.
Arrisque com o bem, arrisque,
E com ele fique.

188 – ESCOLHAS

Hoje e amanhã vamos ter de tomar
Escolhas necessárias para somar.
Entretanto, podemos não estar preparados,
E precisamos ser ousados.

A vida requer escolhas,
Não só dentro de nossas bolhas.
Vá e tente,
Veja o que sente.

Escolha o lado certo,
E pode estar perto.
É isso que deve fazer,
Só não pode esquecer.

Escolha amar, sorrir, emocionar-se, fazer o bem,
E vai ver o seu além.
Escolhi e vivi,
Muita coisa ouvi e sobrevivi.

189 – VAI QUE...

Deixa eu lhe dizer,
Vai que esteja a merecer.
Lembre-se de onde começou,
E hoje, até aonde chegou.

Vai que conquista sua meta,
Tenha sua essência reta.
Reta quer dizer justa,
Que não vai lhe causar multa.

Deixa eu lhe dizer,
Tudo pode acontecer.
Suas atitudes falam sobre seu coração,
Ele está machucado, triste, feliz ou com grande emoção?

Vai que, ao se declarar,
Tira o medo de amar.
O amor é simples, mas nem todos conseguem compreender,
Têm medo do sofrer...

190 – PEDIDO

Tenho um pedido para lhe fazer,
Que muita coisa boa pode lhe trazer.
Tem como saber o seu real valor?
Isso é indolor.

Mas para ser assim,
Tem que ser justo até o fim.
Muitos se perdem,
Mas depois com força se erguem.

Peço que seja forte,
Ache seu suporte.
Mesmo que demore,
Mas cada cantinho explore.

Você vai conseguir!
Deixe o mal embora ir.
Pode não ser um pedido simples, mas faz diferença,
Que pode ser imensa.

191 – NÃO ESTÁ SENDO FÁCIL

Tentar,
E conseguir falhar.
Por isso não está sendo fácil fingir que nada acontece,
Pois tudo que fica na mente não se esquece,
Então não se apresse.

Não está sendo fácil fingir costume,
Mas o bem se presume.
Logo chega, pois o difícil está acabando,
Se fosse fácil, estaria relaxando.

Passei por altos bocados,
Que tiveram de ser amados.
Não está fácil para ninguém,
Lembre-se do seu alguém.

Não está sendo fácil não chorar,
Mas tento colaborar.
Para você e para mim,
Não está sendo fácil assim.

192 – MINHA VEZ

Não vou aguentar,
É minha vez de falar.
Tanto aguentei,
E olha só aonde cheguei.

Um dia foi minha vez de chorar,
Porém agora quero amar.
Minha vez de sentir felicidade,
Que em mim ainda arde.

Tanto me calei,
Mas agora revelei
Que vou ter,
E vão ver.

Minha vez de sentir,
A bela melodia ouvir.
E poder saber
Que em minha vez não é fácil vencer.

193 – TÃO LONGE

É,
Né?
Tão longe, tão...
Pena que não é uma ilusão.

Tentei encontrar motivos para estar assim,
Tem algo de errado em mim?
Tão longe ficou,
E não especificou.

Será que tenho que aceitar?
Ou ainda posso lutar?
Acho melhor não,
Não quero quebrar de novo o coração.

Agora, espero que fique longe não só para o meu bem,
É para o seu também.
Tão longe ficamos,
E dois desconhecidos nos tornamos.

CADA HISTÓRIA, UMA POESIA

194 – TUDO MUDOU

Antes era rodeado de "amigos",
Ainda assim, preferia meus livros.
Fui me enturmando,
As amizades me entregando.

Foi bom,
Lembro-me do velhinho Tom.
Eram gargalhadas
Inesperadas.

E de repente tudo mudou,
Cada um no seu lado ficou.
Nessas horas penso como na vida há segundos
Que passam bem mudos.

Tudo mudou,
Como posso saber se bem estou?
Só restaram memórias,
E belas histórias...

195 – DETERMINAÇÃO

Princípios, fé, determinação,
Ser feliz sem determinação é uma enganação.
E se for feliz assim, pode não durar,
Determine-se até alcançar.

Como dizem, temos que ter os três Fs da vida: foco, força e fé,
e é real,
Aumenta a determinação e o astral.
Determine-se a fazer o bem, sorrir, amar,
E não se esqueça do lutar.

Lutar para conseguir,
Sem ninguém diminuir.
Determinação?
Se sabe o que é, está fora da eliminação?

Cuidado se parar,
O caminho pode ser difícil de recuperar.
Então mantenha a determinação,
E conquiste sua nação.

196 – O QUE ME RESTA É CHORAR

Não gosto de demonstrar fraqueza,
Mesmo que meu peito esteja com a tristeza.
Não devo esconder,
Pois todos devem ter.

O que me resta é chorar
No meu canto, para ninguém me julgar.
Sei que podem ajudar,
Mas e se ousarem me apontar?

Queria não pensar assim,
Só que é de mim.
O que me resta é chorar,
Quanto mais eu vou aguentar?

Outrora vou ter
Força para quem eu quero ser.
O que me resta agora é chorar,
Bem quieto no meu lugar.

197 – DEIXA EU FALAR

Deixa eu falar,
Mas ainda consigo segurar.
Tanta coisa já guardei,
E só piorei.

Pensando que iriam continuar a me julgar,
Pois a hipocrisia está em muito lugar.
O que me traz consequências,
Perdendo minhas essências.

Deixa eu falar,
Não consigo mais segurar.
Falhar, falhei!
E não neguei.

Embora tenha me destruído,
Por algumas pessoas forte tenho me mantido.
Deixa eu falar,
Ainda tenho muito a tentar e conquistar.

198 – SAIBA SEU DEVIDO VALOR

Se alguém o diminuir,
Não faça questão de discutir.
Saiba seu devido valor,
E onde deve se por.

Você deve saber,
O que pode ocorrer.
Não se prenda a pensamento,
Tenha o tal discernimento.

Saiba seu devido valor,
Estão fazendo isso por amor?
Analisando bem,
Está fazendo bem a quem?

Não devo insistir, pois agora sei do meu valor,
É algo que ninguém pode impor.
Demorar, demorou,
Mas meu valor agora aumentou!

199 – PALAVRAS

Palavras nem sempre são suficientes,
E disso as pessoas estão cientes.
Esquecem ou fingem que têm que agir,
Só palavras não são suficientes para se ouvir.

Sabem que têm que medir,
Por elas emoções, tristeza, podemos sentir.
Um "Eu me importo com você" pode ter grande peso,
De palavras ninguém sai ileso.

Use-as para ajudar,
Sempre estão a precisar.
Muitos omitem palavras,
De solidão, tristeza, alegria, até as bravas.

É uma questão de entender,
Da melhor forma as palavras compreender.
Muito elas podem causar,
Então saiba com elas lidar.

200 - TEU CORAÇÃO

Teu coração é forte,
E há quem o conforte.
Suportou tanto,
Segurou cada pranto.

Estava para virar de pedra, né?
Foi pela fé.
Teu coração quase roubaram,
Mas não se prepararam.

Teu coração
Teve alteração.
Passou a ser forte,
Fugiu da morte.

Admira o que pode suportar,
Mas hoje pensas que não deveria por aquilo passar.
Forte teu coração está
Chegou aonde queria estar.